utb 6224

utb.

Eine Arbeitsgemeinschaft der Verlage

Brill | Schöningh – Fink · Paderborn
Brill | Vandenhoeck & Ruprecht · Göttingen – Böhlau · Wien · Köln
Verlag Barbara Budrich · Opladen · Toronto
facultas · Wien
Haupt Verlag · Bern
Verlag Julius Klinkhardt · Bad Heilbrunn
Mohr Siebeck · Tübingen
Narr Francke Attempto Verlag – expert verlag · Tübingen
Psychiatrie Verlag · Köln
Ernst Reinhardt Verlag · München
transcript Verlag · Bielefeld
Verlag Eugen Ulmer · Stuttgart
UVK Verlag · München
Waxmann · Münster · New York
wbv Publikation · Bielefeld
Wochenschau Verlag · Frankfurt am Main

Hans Jürgen Molsberger

Latein sprechen wie die Römer

Lateinische Umgangssprache für Lehrende und Lernende

Vandenhoeck & Ruprecht

Hans Jürgen Molsberger hat Latein und Englisch auf Lehramt studiert und war über 30 Jahre lang als Gymnasiallehrer in Eltville tätig.

Online-Angebote oder elektronische Ausgaben sind erhältlich unter www.utb.de

Bibliografische Information der Deutschen Nationalbibliothek
Die Deutsche Nationalbibliothek verzeichnet diese Publikation in der Deutschen Nationalbibliografie; detaillierte bibliografische Daten sind im Internet über https://dnb.de abrufbar.

Umschlagabbildung: Adobe Stock Nr. 298465000/danai

Umschlaggestaltung: siegel konzeption | gestaltung, Stuttgart
Satz: SchwabScantechnik, Göttingen
Druck und Bindung: Plump Druck & Medien GmbH, Rheinbreitbach
Printed in the EU

Vandenhoeck & Ruprecht Verlage | www.vandenhoeck-ruprecht-verlage.com

UTB-Nr. 6224
ISBN 978-3-8252-6224-2

Meinem
akademischen Lehrer

**Professor
Jürgen Blänsdorf**

in Dankbarkeit gewidmet

Inhalt

Einleitung

Wozu Latein sprechen?

Wichtigstes Ziel des Lateinunterrichts ist die Fähigkeit zum Erschließen und Übersetzen („Dekodierung“ und „Rekodierung“; vgl. Glücklich, S. 57–83) lateinischer Texte. Damit soll Schülerinnen und Schülern ein Zugang zu bedeutenden Quellen abendländischer Kultur von der Antike bis in die frühe Neuzeit ermöglicht werden. Lateinkenntnisse sollen zudem das Erlernen der romanischen Sprachen erleichtern. Indem sprachliche Strukturen und Gesetzmäßigkeiten erkannt und lateinische Texte ins Deutsche übertragen werden, soll darüber hinaus der reflektiertere Umgang mit der eigenen Sprache gefördert werden. So wird es in der Ausbildung für das Lehramt Latein vermittelt, so erlebt es idealerweise, wer in der Schule Latein lernt, zumindest seit dem Anfang des 20. Jahrhunderts. Das Ziel einer produktiven (aktiven) Sprachbeherrschung wurde dagegen schon im Lauf des 19. Jahrhunderts aufgegeben. So entfiel 1876 an fast allen deutschen Universitäten die Pflicht, Dissertationen in lateinischer Sprache zu verfassen; 1892 wurde in Preußen der lateinische Abituraufsatz abgeschafft (Kipf/Liebsch, S. 43; vgl. Stroh, *Lebendiges Latein,* Spalte 93).

In einer Art Gegenbewegung verfolgen Menschen, die einer lebendigen lateinischen Sprachkultur *(Latinitas viva)* anhängen, oft mit großem Enthusiasmus das Ziel einer modernen schriftlichen und mündlichen Kommunikation in lateinischer Sprache. Einen ausführlichen und online leicht zugänglichen Überblick über die vielfältigen Aktivitäten und Veröffentlichungen bis zum Jahr 1994 bietet die von Wilfried Stroh vorgestellte kommentierte Bibliographie *Hilfen zum Lateinsprechen* wie auch das 2. Kapitel (S. 65–73) von Andreas Fritsch, *Lateinsprechen im Unterricht* (1990).

Am bekanntesten dürften im deutschen Sprachraum zum einen die *Societas Latina* sein, vor allem dank ihrem langjährigen Vorsitzenden, dem Saarbrücker Latinisten P. Caelestis Eichenseer, und der von dem Verein herausgegebenen Zeitschrift *Vox Latina*, zum anderen die von Wilfried Stroh und Jan Novák gegründeten *Ludi Latini*, in denen vor allem musische Darbietungen im Mittelpunkt stehen (vgl. Fritsch, S. 68 ff.). Seit 1992 hält der Verein *Europäische Lateinwochen e. V.* alljährlich Veranstaltungen ab, bei denen man sich idealerweise komplett einsprachig lateinisch verständigt. – Alles in allem führen diese Bestrebungen jedoch angesichts des schulischen und universitären Mainstreams ein Nischendasein, werden bisweilen nicht ganz ernst genommen oder sogar belächelt.

Dabei haben Lateinlehrkräfte bisweilen den Eindruck, dass Aufwand und Nutzen ihres Unterrichts in einem Missverhältnis zueinander stehen, dass Schülerinnen und Schüler selbst nach mehreren Jahren Lateinunterricht nur mit enormem zeitlichem Aufwand und umfangreichen „Übersetzungshilfen" einfache Texte verstehen, von den anspruchsvollen philosophischen, historischen und poetischen Werken, die für Latinum und Abitur zu bewältigen sind, ganz zu schweigen. Bezogen auf die sprachlichen Fähigkeiten von Studierenden des Fachs Latein kommt der Lateinlehrer Max Medenus in seinem Aufsatz *Einsprachiger Lateinunterricht – Ein Gegenmodell zur derzeitigen Ausrichtung unseres Faches* zu einem vernichtenden Ergebnis:

> Der gymnasiale Lateinunterricht hat sie nicht annähernd dazu in die Lage versetzt, lateinische Texte lesen zu können. Ein echter Spracherwerb hat nicht stattgefunden. Dies kann man nicht mehr als Krise oder Herausforderung bezeichnen. Man sollte das Kind schon beim Namen nennen: Unser Fach hat versagt. *(Medenus, S. 41)*

Die Begründung gibt Medenus gleich zu Anfang: „Der Lateinunterricht beruht auf einer Illusion. Sie besteht in der von Grund auf falschen Annahme, man könne eine Sprache erlernen, ohne sie zu sprechen." (Medenus, S. 41) Als Konsequenz fordert er einen „mutigen Neuanfang":

> Die Rückbesinnung auf einen einsprachigen Lateinunterricht, der die aktive Beherrschung der lateinischen Sprache in Wort und Schrift ins Zentrum der Aufmerksamkeit stellt. [...] Der Schlüssel zum Spracherwerb ist das eigene Handeln in der Zielsprache, sei es lesend, schreibend, sprechend oder hörend. Erst im Bemühen um eigenen Ausdruck werden Vokabeln verständlich, erst im täglichen Umgang prägen sie sich wirklich ein, nur durch ständige Wiederholung in einfachen Kontexten können sie wirklich grundlegend im Sinne eines Grundwortschatzes werden [...]. Gleiches gilt für die Grammatik [...]. *(Medenus, S. 42)*

Es gibt durchaus Bestrebungen, den fehlenden aktiven Sprachgebrauch im Lateinunterricht auszugleichen. Der Altphilologe und Fachdidaktiker Andreas Fritsch schreibt, dass das Lateinsprechen, auch wenn es „heute nicht mehr *Ziel* des schulischen Lateinunterrichts sein" könne, dennoch „im Unterricht nicht verboten" sei und „sogar eine sinnvolle *Ergänzung und Bereicherung* des Lateinunterrichts sein" könne und müsse (S. 75 f.). Als *Möglichkeiten des Lateinsprechens im heutigen Lateinunterricht* (S. 83–112) führt Fritsch unter anderem lautes monologisches und dialogisches Lesen, Auswendiglernen, lateinische Fragen und Antworten zu einem gelesenen Text, Szenen und Schulspiel, Singen sowie freies Sprechen an.

Auch Eltje Böttcher zielt in ihrem 2019 erschienenen Buch *Lateinisch sprechen im Unterricht* – anders als Medenus – nicht darauf ab, den herkömmlichen Lateinunterricht grundsätzlich in Frage zu stellen: „Guter Lateinunterricht ist auch ohne Latine Loqui möglich." (S. 9) Bei den zahlreichen vorgestellten Methoden und Ideen geht es Böttcher vielmehr darum, das „Lateinsprechen [...] sinnvoll in den alltäglichen Unterrichtsbetrieb ein[zu]bauen" (S. 14).

Auch einige Lehrwerke bieten – zumindest fakultativ – kleine deutsch-lateinische Übersetzungsübungen an, in der Regel jedoch nur für die ersten Lektionen. Verbreitet ist die Vorstellung, dass das später nicht mehr möglich sei, da dann die vollen Lehrpläne keinen Raum mehr für solche Aktivitäten ließen beziehungsweise das in ihnen mögliche sprachliche Niveau nicht mehr dem im Curriculum erreichten Stand entspräche, gerade so als sei es besser, die Zielsprache gar nicht zu gebrauchen als in bescheidenem Umfang. Um noch einmal Max Medenus zu zitieren:

> [...] Latein zu sprechen ist keine Spielerei, keine nette Ergänzung und kein Lückenbüßer für Freistunden und Projektwochen, sondern der Kern eines wirklich erfolgreichen Unterrichts, und zwar keineswegs nur für die beginnende Spracherwerbsphase. *(Medenus, S. 43)*

Sprachliches Vorbild: „Klassisches Latein" oder „Latinitas viva"?

Solange das Lateinische ein lebendiges Mittel der Verständigung war, unterlag es, wie jede andere Sprache auch, einem ständigen Prozess der Veränderung hinsichtlich Syntax, Laut- und Formenbildung. Dies gilt zumindest für die etwa anderthalb Jahrtausende von seiner Entstehung in der Mitte des 1. Jahrtausends vor Christus bis zur Ausgliederung der romanischen Sprachen im frühen Mittelalter.

Nach dem Ende des Lateinischen als Volkssprache diente es noch für rund ein Jahrtausend als Mittel der Verständigung zwischen Sprechern unterschiedlicher Muttersprachen *(Lingua franca)*, für offizielle Dokumente und für Grab- oder Bauinschriften. Seit Beginn der Neuzeit reduzierte sich der Gebrauch des Lateinischen dann immer mehr. War es im 17. Jahrhundert noch Sprache der Kanzleien und Verwaltungen, wurde es im 18. und 19. ganz zum Idiom von Bildung und Wissenschaften. Zwar trug dieser Anwendungsbereich dem Lateinischen noch immer ein hohes Sozialprestige ein, war zugleich aber auch Ursache einer inhaltlichen Verengung auf das Unanschauliche, Abstrakte.

Für die Literatursprache gilt, dass schon sehr viel früher, jedenfalls seit dem Ende des 1. vorchristlichen Jahrhunderts, eine bestimmte Variante der Sprache – in der Prosa im Wesentlichen der Sprachgebrauch Ciceros und Caesars, in der Dichtung die Sprache Vergils – als „klassisch" festgeschrieben und für die Schriftsprache der Gebildeten verbindlich wurde:

> Zahlreiche Vertreter des römischen Geisteslebens unterwarfen sich mit ihrem Sprachgebrauch gleichsam einer Selbstzensur [...]. Der Einfluss der Sprachpflege machte das geschriebene Medium zu einem „hochgradig künstlich anmutenden Register" [...]. *(Haarmann, S. 205)*

Diese Normierung der Schriftsprache, ihre Abkopplung von der natürlichen Veränderung, die in der gesprochenen Sprache (wie in jeder anderen Sprache) weiterhin stattfand und letztlich in die romanischen Sprachen mündete, hat zu dem Klischee von Latein als „toter“ Sprache geführt. Wilfried Stroh spricht vom „linguistischen ‚Tod‘ des Lateinischen“:

> Das heißt, dessen Gefrieren zu einer im Wesentlichen unveränderbaren Sprachnorm lässt sich recht präzise datieren auf die Zeit nach Cicero und Vergil. Es fällt etwa zusammen mit der Ausbreitung des Lateinischen zur Weltsprache und, zufälligerweise, auch mit unserer Zeitenwende. Griffig formuliert: Christus wird geboren, Latein stirbt. *(Stroh, Latein, S. 109)*

Die Beschränkung auf das „klassische“ Latein wirkt bis in die Gegenwart fort: So erfährt man bereits im 1. Semester eines Lateinstudiums, dass in den deutsch-lateinischen Übersetzungen oder „Stilübungen“ nur das als korrekt gilt, was bei Cicero oder Caesar mindestens zweimal belegt ist. In ihrer Neubearbeitung von Carl Meissners *Lateinischer Phraseologie*, die sich ausdrücklich „an die Studierenden des Faches Latein [wendet], die […] das Übersetzen deutscher Texte ins Lateinische erlernen und ihre Kenntnisse in Klausuren unter Beweis stellen müssen“ (S. XII), beschränkt Christina Meckelnborg „sich daher konsequent auf Cicero und Caesar als Quellen“ (S. XIII). Selbst Stellen aus Ciceros Briefen sind besonders gekennzeichnet, weil „in manchen Übersetzungskursen ein sehr strenger Maßstab angelegt wird, der Wendungen aus Ciceros Briefen nicht gelten läßt.“ (S. XIV f.)

Diese Selbstbeschränkung entspringt unter anderem dem Bestreben, einen Sprachmix zwischen verschiedenen historischen Entwicklungsstufen zu vermeiden. Man will, übertragen auf das Deutsche, verhindern, dass Texte entstehen, in denen der Sprachgebrauch Luthers, Goethes und Bushidos durcheinander geht und den es sprachgeschichtlich so nie gegeben hat oder gibt.

Für einen aktiven, lebendigen, gerade auch mündlichen Gebrauch der lateinischen Sprache, wie er etwa von Max Medenus gefordert wird, erscheint eine allzu enge Beschränkung auf das „Klassische Latein“ allerdings nicht angebracht. Die diesem zugrunde liegenden Texte befassen sich ja ganz überwiegend mit philosophischen, politischen, historischen und militärischen Inhalten, also eben nicht mit dem, was den Lebensalltag heutiger oder auch antiker Menschen bestimmt beziehungsweise bestimmt hat.

Nun gibt es für die antike lateinische Umgangssprache durchaus eine ergiebige literarische Quelle in Gestalt der Komödien der Dichter Plautus und Terenz (3./2. Jahrhundert v. Chr.). Haarmann (S. 210) nennt sie „Beispiele für die Wiedergabe des Sprechlateinischen in Schriftform". Im Vorwort seiner über 170-seitigen Darstellung der lateinischen Umgangssprache stellt Johann Baptist Hofmann fest, „daß nicht zehn Seiten der Schrift hätten geschrieben werden können, wenn uns nicht das wundervolle Arbeitsinstrument der altlateinischen Szenikersprache zur Verfügung stände." (S. VI)

Man hat eingewendet, dass auch diese Werke Literatur seien und die tatsächlich gesprochene Sprache nicht eins zu eins abbildeten – alleine schon wegen der verwendeten Metren:

> Auch die Komödien von Plautus sind literarische Texte, die in metrischen Versen verfasst und außerdem mehr oder weniger nah an griechischen Vorgängertexten orientiert sind. Man sollte daher nicht versucht sein, Komödientexte wegen ihrer kurzen Sätze und der inhaltlichen Flapsigkeit als Repräsentationen echter Alltagssprache misszuverstehen. *(Böttcher, S. 19)*

Dagegen steht, dass die Versmaße der Komödien aufgrund ihrer vielfältigen Ersetzungsmöglichkeiten so frei sind, dass sie (anders als etwa der daktylische Hexameter oder Pentameter) jahrhundertelang gar nicht als solche wahrgenommen wurden. Eine Rücksichtnahme auf das Metrum würde sich am ehesten auf die Wortstellung auswirken, die im Lateinischen ohnehin freier ist als etwa im Deutschen oder Englischen, und da ist in der Komödie, um nur ein Beispiel zu nennen, sowohl *quid est tibi nōmen?* (Plautus, *Pers.* 700) als auch *quid nōmen tibi est?* (Plautus, *Amph.* 364) möglich. Und weshalb sollte der Umstand, dass es für die *Inhalte* der Komödien griechische Vorlagen gab, diese als *sprachliche* Quelle lateinischer Umgangssprache von vornherein ausschließen? Sie sind jedenfalls, wie Hofmann richtig gesehen hat, das weitaus Beste, was wir haben. Wer sich erst einmal auf den Duktus und den Rhythmus dieser Sprache einlässt, auf ihre konkrete Verortung in einem räumlichen Hier und Jetzt, welches sich vor allem in der großen Zahl und bedeutungstragenden Funktion von Demonstrativpronomina, von lokalen und temporalen Adverbien zeigt, und durchaus auch auf ihre „kurzen Sätze und [...] inhaltliche [...] Flapsigkeit", der wird die gerade von Schülern gern gestellte Frage „Wie kann denn eine so komplizierte Sprache jemals von Menschen gesprochen worden sein?“ durchaus mit einem Hinweis auf eine Terenz- oder Plautus-Komödie beantworten: „So könnte man sich durchaus vorstellen, dass die Römer miteinander gesprochen haben!“

Die in den Komödien und in den Briefen Ciceros überlieferte Umgangssprache ist übrigens nicht gleichzusetzen mit dem „Vulgärlateinischen“, wie es sich seit der frühen Kaiserzeit zunächst im einfachen Volk entwickelt hat. Ein früher literarischer Beleg hierfür sind die Freigelassenengespräche in Petrons Roman *Satyricon* (ein schönes Beispiel, Kapitel 42, 1–5, zitiert und analysiert Stroh, Latein, S. 114 f.). Dagegen spiegelt Terenz, mehr noch als der ältere und etwas derbere Plautus, „die feine, schon etwas abgeblaßte Gesellschaftssprache des Szipionenkreises“ (Hofmann, S. 92) wider, und dass Ciceros Privatkorrespondenz nichts enthält, was der Meister der römischen Kunstprosa nicht auch im persönlichen Gespräch gesagt haben würde, dürfte auf der Hand liegen.

Tatsächlich wurden insbesondere die Werke von Terenz im Mittelalter und der frühen Neuzeit gerade deshalb überliefert und gelesen, weil sie ein sprachliches Vorbild gepflegter lateinischer Umgangssprache lieferten. Aeneas Sylvius Piccolomini, der italienische Humanist und spätere Papst Pius II., schrieb 1450, die Komödien seien am meisten geeignet, zur Beredsamkeit beizutragen *(„Comoediae plurimum conferre ad eloquentiam possunt“;* zitiert bei Schnur, *Stylpho,* S. 58). „Die Schüler sollten sich im Lateinsprechen, im freien Vortrag in der Öffentlichkeit, in der gepflegten Konversationssprache des Terenz üben (denn daß man im hohen rhetorischen Stil Ciceros niemals gesprochen hatte, wußte man).“ (Schnur, *Henno,* S. 66) Viele Humanisten verfassten „Schülergespräche“, die als Vorbilder zeitgenössischer Kommunikation in klassischer lateinischer Sprache dienen sollten. Am bekanntesten dürften die *Colloquia familiaria* des Erasmus von Rotterdam sein; zahlreiche weitere Beispiele nennt Fritsch, S. 15 ff.

Ein besonders schönes Beispiel für die Terenz-Rezeption des Humanismus stellt der 1480 erstmals rezitierte Dialog *Stylpho* von Jakob Wimpheling dar, ein „Text, der heute als die zeitlich erste lateinische Komödie Deutschlands angesehen wird“ (Schnur, *Stylpho,* S. 57). Auch wenn der Dialog noch in Prosa verfasst ist, „nähert sich [Wimpheling] doch dem urbanen Stil des Terenz, und stellenweise zeigt seine Prosa einen dem Vers sich annähernden Rhythmus, wozu die aus Terenz entlehnten Redewendungen beitragen“ (Schnur, *Stylpho,* S. 59). Insgesamt identifiziert Schnur (*Stylpho,* S. 45 f.) in dem Text neun mehr oder weniger wörtliche Übernahmen aus Terenz neben jeweils zwei aus Ovids *Epistulae ex Ponto*, Ciceros *de officiis*, Vergils *Eklogen* sowie jeweils eine aus Juvenal, Persius, Lukrez und Horaz' *Episteln*. Hinzu kommen vier biblische Zitate, die allerdings in der Handlung der Komödie auch als solche fungieren.

Etwas später entstand die Komödie *Henno* von Johannes Reuchlin (wohl 1496/97, Erstdruck 1498). Mit dem jambischen Trimeter gelang es dem Autor erstmals in der Neuzeit, das wichtigste dramatische Versmaß der Antike nachzubilden. „Man wußte erst seit einigen Jahrzehnten, daß Terenz in Versen, nicht in Prosa abgefaßt war." (Schnur, *Henno,* S. 70)

Noch ein Jahrhundert später empfahl der Schulreformer Wolfgang Ratichius (1571–1635), die Schüler sollten Latein „wie die Muttersprache, weniger mithilfe der Grammatikregeln als anhand eines Autors (bei Ratichius: Terenz) erlernen" (Stroh, *Latein,* S. 245). Sein Zeitgenosse Johann Amos Comenius (1592–1670) forderte, „Latein vor allem durch Lateinsprechen zu lernen", was aber „gerade zu seiner Zeit nicht mehr unumstritten [war]" (Stroh, *Latein,* S. 247).

Die aktuelle Forderung nach einem Lateinunterricht, der den aktiven mündlichen und schriftlichen Gebrauch der Sprache wieder stärker in den Mittelpunkt stellt, steht, wie man sieht, in einer langen humanistischen Tradition. Wenn dieser Unterricht den Anspruch vertritt, keine bloße Spielerei zu sein, sondern einen Zugang zur Sprache der römischen Antike zu vermitteln, dürften die Komödien von Plautus und Terenz als sprachliches Vorbild nach wie vor die erste Wahl sein.

Hilfsmittel 1: Phraseologien und „Sprachführer"

Ein wichtiges Hilfsmittel für den Erwerb der Ausdrucksfähigkeit in der Zielsprache Latein waren und sind sogenannte *Phraseologien*, also Sammlungen von idiomatischen Wortverbindungen, in geringerem Umfang auch Einzelwörtern, die in der Regel nach Redeanlässen oder Sachgruppen geordnet und mit deutschen Übersetzungen versehen sind. Als Standardwerke sind hier vor allem die erstmals 1878 erschienene und seither immer wieder überarbeitete *Lateinische*

Phraseologie von Carl Meisner sowie das gleichnamige Werk von Otto Schönberger (1. Auflage 1955) zu nennen.

Wie schon erwähnt berücksichtigt Meisner in seiner Auswahl – der Zielsetzung von Lateinunterricht und -studium seiner Zeit entsprechend – fast ausschließlich Formulierungen des „klassischen Lateins“. Schönberger erscheint auf den ersten Blick etwas weniger streng: „Die lateinischen Wendungen sind in der Hauptsache selbstverständlich [!] der klassischen Latinität entnommen, allerdings ohne Engherzigkeit.“ (Vorwort S. 5) In der Tat legt das Inhaltsverzeichnis nahe, dass hier auch das „richtige Leben“ vorkommt: Neben Themen wie „7.4. Redner, Rede, Stil und Vortrag“, „12.3. Verwaltung und Regierung“ oder „13.11. Unterwerfung und Friede“ finden auch „9.4. Freundschaft, Liebe, Mitleid“ oder „10.1. Leben in und außer Haus“ Berücksichtigung. Ein Blick in die einzelnen Kapitel zeigt dann aber schnell, dass auch bei Schönberger der Schwerpunkt eben nicht auf den Dingen und Vorgängen des Alltags, sondern auf der theoretischen Reflexion darüber liegt; Redewendungen aus der Umgangssprache finden kaum Berücksichtigung. Unter „8.9. Bitte, Dank und Lohn“ (S. 82 f.) etwa stehen Übersetzungen für „jd. den verdienten und schuldigen Dank abstatten“, „sich überreichlich durch etwas belohnt sehen, finden“ oder „etwas vergelten (im schlimmen Sinne)“, nicht aber für „Bitte!“, „Danke!“, Gib her!“ oder „Da nimm!“.

Anders verhält es sich mit einer Gattung lateinischer „Sprachführer“, in denen wie in neusprachlichen Sprach- oder Reisesprachführern (manchmal in Verbindung mit einem kleinen Wörterbuch und einer Kurzgrammatik) Vokabeln und Redewendungen nach bestimmten Alltagssituationen gegliedert und aufbereitet werden.

1890 erschien unter dem Pseudonym Georg Capellanus (hinter dem sich der Gymnasialprofessor Eduard Johnson verbarg) das Bändchen *Sprechen Sie Lateinisch?*. Johnson kommt das Verdienst zu, anstelle der „blutlosen Sätze der Übungsbücher“ (Hans Lamer zitiert bei Fritsch, S. 50) wieder lebendige Alltagskommunikation in lateinischer Sprache zu präsentieren. Manches ist heute sicher nicht mehr ganz zeitgemäß – „Sein Rücken [...] ist durch einen Höcker entstellt.“ (S. 61) –, aber die lateinischen Formulierungen sind durchaus geschliffen und klingen nach antiken Vorbildern, auch wenn sich dies im Einzelfall aufgrund der nur sporadisch angegebenen Belege nicht immer nachprüfen lässt. Das Buch hat zahlreiche Neuauflagen und Bearbeitungen bis in die zweite Hälfte des 20. Jahrhunderts erfahren; mir liegt die 14. Auflage aus dem Jahr 1970 vor, die eine der letzten zu sein scheint. Einiges wurde modernisiert, doch insgesamt ist das Werk inzwischen ein wenig in die Jahre gekommen und stellenweise etwas altbacken oder skurril: „Ich glaube nicht, Ihren Finger gänzlich retten zu können; Sie sind zu spät zu mir gekommen. – O weh! Muß er abgenommen werden? – Zum Glück ist's die linke Hand. Trösten Sie sich also!" (S. 112 f.).

Von Caelestis Eichenseer stammt ein ursprünglich auf fünf Teile angelegtes Werk mit dem Titel *Latinitas viva*. Der erste Teil *(Pars introductoria)* enthält nach einer zweisprachigen Einführung umfangreiche Listen nützlicher Wörter und Redewendungen, teils thematisch, teils grammatisch geordnet. Allerdings dürften die strikte Einsprachigkeit (es gibt zu den lateinischen Begriffen keine Übersetzungen), das benutzerunfreundliche Druckbild (eng beschriebene, auf DIN A5 verkleinerte Schreibmaschinenseiten) sowie die ein wenig unübersichtliche Anordnung für heutige Sehgewohnheiten eine etwas abschreckende Wirkung haben.

Sehr viel ansprechender ist ein kleiner von Eichenseer verfasster und bei Langenscheidt erschienener Sprachführer mit dem Titel *Latein aktiv* (Untertitel: *Lateinisch sprechen und diskutieren*). Auch hier sind die Wörter und Redewendungen nach Themenbereichen und Redeanlässen geordnet; zu vielen Begriffen werden im umfangreichen Anhang die antiken oder neuzeitlichen Belegstellen genannt, doch manches erscheint trotzdem etwas willkürlich. Warum wird für „Toiletten" (ohne Belegstelle) *loca sēcrēta* (S. 14) und nicht einer der antiken Begriffe *latrīna* oder *sēcessus* angegeben (vgl. unten S. 98)? Und auch für das Vokabular einer Wegbeschreibung gibt es schönere, lebendiger klingende antike Vorbilder, wie etwa statt „Tibi est vehendum (eundum) in dīrēctum." (S. 16) „Itō hāc rectā viā!" (nach Terenz, *Ad. 574/583*).

Eher unkonventionell mit zahlreichen flotten bis frechen Illustrationen kommt der *Kauderwelsch Sprachführer Band 174: Modernes Latein für unterwegs* der Autorinnen Gisela Frense und Dagmar da Silveira Macêdo (2004) daher. Die Anordnung ist ebenfalls thematisch, der Schwerpunkt liegt, dem Konzept des *Reise Know-How Verlags* entsprechend, auf Reise- und Urlaubssituationen, wobei natürlich neben „Ausgehen" und „Übernachten" auch „Liebesgeflüster und Anmache" nicht fehlen darf. Die Autorinnen bekennen sich ausdrücklich zu einer freieren Herangehensweise mit dem Mut zu „Eigenkreationen" (etwa „discus compactus" für CD, S. 15). Ob das schon eine „Provokation für jeden Altphilologen" (S. 16, immerhin mit Fragezeichen) ist, sei dahingestellt, aber die Aufforderung an die Leserschaft, bei der Sprachschöpfung mitzumachen (S. 16: „Mischen Sie mit!“) ist auf jeden Fall erfrischend. Trotzdem wäre auch hier an der einen oder anderen Stelle die antike Formulierung vielleicht schöner als die „Eigenkreation“, z. B. statt „Aquam […] bibere praeferam.“ (S. 69) „Mihi bibere dēcretum (e)st aquam.“ (Plautus, *Aul. 572*). Da die Autorinnen für ihre Redewendungen keine Quellen angeben, ist man hinsichtlich der „Latinität“ ganz auf sein eigenes Sprachgefühl beziehungsweise seine literarischen Kenntnisse angewiesen, was die Benutzung (anders als das Selbstverständnis der Kauderwelsch-Sprachführer nahelegt) für Menschen ohne Lateinkenntnisse problematisch macht, jedenfalls dann, wenn der Anspruch über das rein Spielerisch-Scherzhafte hinausgehen soll.

Ganz auf Tabubruch und Provokation setzt der etwas reißerische Titel *Vorsicht Latein! – Unzensierte Ausgabe: Latein, wie es wirklich gesprochen wird* von Alexander Winkler (München 2010; 2011 noch einmal inhaltlich identisch erschienen unter dem Titel *Latein für Insider - Unzensierte Ausgabe: Latein wie es wirklich gesprochen wurde*). Zu Beginn wird „echt vulgärer oder anstößiger Slang“ (S. 6) versprochen, was auch dadurch eingelöst wird, dass an sich Unanstößiges mit sexualisierten oder analen Ausdrücken wiedergegeben wird: So wird *periī!* nicht mit „Ich bin verloren! Mit mir ist’s aus!“ übersetzt, sondern mit „Ich bin im Arsch.“ (S. 123) oder das archaische *Dī tē perduint.* („Mögen die Götter dich vernichten!“) mit „Fuck, Mann.“ (S. 117) beziehungsweise „Fick dich!“ (S. 94, dort immerhin mit der wörtlichen Übersetzung als Anmerkung).

Inhaltlich nimmt der Bereich von Körperlichkeit/Sexualität/sexueller Orientierung einen relativ großen Raum ein (vier von vierzehn Kapiteln), und unter der Überschrift *Anatomiekurs: Diese Teile musst du kennen …* (S. 68) erfährt man zwar nicht die Worte für „Auge“, „Mund“ oder „Hals“, dafür aber für „Sack“, „Eier“, „Schwanz“, „Hintern“, „Brüste“, „Scheide“. Bemerkenswert ist dabei übrigens, dass der Autor zwar bei den männlichen Geschlechtsteilen das „anständige“ *testiculī* mit dem Slang-Wort *Eier* übersetzt, bei den weiblichen hingegen das ausgesprochen vulgäre *cunnus* mit dem neutralen *Scheide.*

Was die Latinität betrifft, klingt vieles nach originalem Latein, teilweise handelt es sich um wörtliche Zitate aus Plautus und Terenz, doch lässt sich das, zumal für Lateinunerfahrene, nur schwer erkennen oder einordnen. Aus philologischer Sicht ist es eigentlich schade, dass Winkler zu den Phrasen keine Belegstellen angibt, doch für „Lateinlehrer [...] und De-Bello-Gallico-Fans" ist das Buch laut Umschlagtext ja auch nicht geschrieben und „absolut ungeeignet".

Eine Sonderstellung unter den Phraseologien nimmt das Schlusskapitel von Andreas Fritsch, *Lateinsprechen im Unterricht*, ein. Fritsch bietet darin „eine neue Zusammenstellung originallateinischer Sätze und Redewendungen, geordnet nach Themen bzw. Unterrichtssituationen" (S. 4 f.), insgesamt über tausend Wendungen. Berücksichtigt sind neben Plautus und Terenz vor allem Cicero, aber auch Horaz, Seneca und Augustinus.

Dem Anliegen seines Buchs entsprechend beschränkt Fritsch sich auf Redemittel, die im Lateinunterricht Verwendung finden können. Da es sich um eine Materialsammlung für Lehrkräfte handelt, liefert Fritsch im Unterschied zu den vorgenannten Phraseologien und „Sprachführern" allerdings keine Übersetzungen.

Was Fritschs Phraseologie vor allem auszeichnet, ist die Tatsache, dass er zu jeder einzelnen Wendung die literarische Quelle angibt und sie somit nachvollziehbar und überprüfbar macht. Wer einen der von Fritsch gelisteten Ausdrücke benutzt, kann also sicher sein, dass es sich um original antikes Latein handelt. Dabei will „die Sammlung [...] nur Material bieten, was man in korrektem Latein sagen *könnte;* in der Praxis ist es freilich unerheblich, ob das im Unterricht gesprochene Latein wortwörtlich mit den Originalzitaten übereinstimmt" (S. 5).

Ausgesprochen „alltagstauglich" ist die Phraseologie *Conversational Latin for Oral Proficiency* von John C. Traupman. Das Buch besteht im Hauptteil aus 24 kurzen Dialogen zu Themen wie Begrüßung, Familie, Schule, Freizeitaktivitäten, Körper und Gesundheit, Wetter, Essen und Trinken, Kleidung und Wohnen und einigem mehr. Die Dialoge sind, auch durch englische Übersetzungen, gut verständlich und spiegeln gepflegte lateinische Umgangssprache wider (wenn auch ohne Belegstellen). Die einzelnen Kapitel werden ergänzt durch zusätzliche Vokabeln und Redewendungen sowie didaktische Hinweise. Der Anhang enthält noch einmal Kapitel zu den Themenschwerpunkten Ja und Nein, Farben, Zahlen, IT-Begriffe sowie Lieder und Sprichwörter und einen umfangreichen Vokabelteil.

Hilfsmittel 2: Wörterbücher

Angesichts der nach wie vor großen Bedeutung des Lateinischen als Schulfach und der fast ausschließlich lateinisch-deutschen Ausrichtung des Unterrichts überrascht es nicht, dass es auf dem Markt ein großes Angebot an lateinisch-deutschen Wörterbüchern gibt. So findet man nach wie vor Klassiker wie das zweibändige *Ausführliche Handwörterbuch von Karl Ernst Georges* oder das *Lateinisch-deutsche Schulwörterbuch von Josef-Maria Stowasser*, beide inzwischen in auch optisch modernen, sehr ansprechenden Neubearbeitungen. Auch die Schulbuchverlage wie *Langenscheidt* oder *Klett (Pons Wörterbücher)* bieten eine große Zahl von Wörterbüchern in verschiedenen Größen und Preisklassen an.

Für den produktiven (aktiven) Gebrauch des Lateinischen ist man indessen auch auf Deutsch-Lateinische Wörterbücher angewiesen, und hier ist das aktuell auf dem Buchmarkt verfügbare Angebot erwartungsgemäß deutlich schmaler. Unter dem Titel *Der Neue Georges* gab die Wissenschaftliche Buchgesellschaft 2017 eine Neubearbeitung des 1865 erstmals erschienenen *Kleinen Handwörterbuchs Deutsch-Latein* von Karl-Ernst Georges heraus. Die Neubearbeitung hat unter anderem nicht mehr verständliche deutsche Stichwörter sowie Begriffe, „die ausschließlich der Lebenswelt des 19. und frühen 20. Jahrhunderts verhaftet waren“ (Th. Baier, Vorwort), beseitigt sowie Rechtschreibung und Schriftbild modernisiert. Das Grundkonzept des Werkes, wie es Georges schon in der Vorrede zur 1. Auflage beschreibt, wurde indessen beibehalten: Das Wörterbuch beschränkt sich ausdrücklich „auf Wörter und Redensarten, welche im Bereiche der Schularbeiten vorkommen dürften. [...] Die Latinität wurde, wenn es nur irgend möglich war, auf Wörter und Redensarten der klassischen Schriftsteller beschränkt [...]“ (S. V). Tatsächlich finden sich, anders als in dem nicht mehr erhältlichen *Ausführlichen deutsch-lateinischen Handwörterbuch* (7. Aufl. 1882) im neu aufgelegten *Kleinen Georges* so gut wie keine neulateinischen Wörter (eine bemerkenswerte Ausnahme ist *perspicillum* für *Brille;* vgl. Stroh, *Hilfen,* Nr. 3).

Breiter angelegt ist Otto Güthlings *Großwörterbuch Deutsch-Lateinisch* (Teil II von Langenscheidts Großwörterbuch Lateinisch) von 1918, das in vielen Auflagen bis in die zweite Hälfte des 20. Jahrhunderts erschien, inzwischen aber nur noch antiquarisch erhältlich ist. Anders als Georges berücksichtigt Güthling ausdrücklich auch „neulateinische Ausdrücke und Redewendungen aus Kirchenschriftstellern und für moderne Begriffe und Einrichtungen" – natürlich begrenzt auf die Zeit seiner Entstehung: Für *Eisenbahn* findet man einen Begriff, für *Automobil* schon nicht mehr.

Als Ergänzung zu diesen „klassischen" Wörterbüchern versteht sich, wie schon der Titel verrät, das *Lexicon Auxiliare* von Christian Helfer (Saarbrücken 1982, nur noch antiquarisch erhältlich). Die Lücken, die die noch aus dem 19. Jahrhundert stammenden Wörterbücher durch die Veränderungen in Wissenschaft und Gesellschaft inzwischen zwangsläufig aufweisen, sollen gefüllt werden (Vorwort S. 5: „ut vocabularii lacunae paulatim explerentur"). Helfer beschränkt sich also „auf Wörter, für die keine unmittelbaren antik-lateinischen Äquivalente vorhanden scheinen" (Stroh, *Hilfen*, Nr. 14).

Das gleiche Anliegen verfolgt das *Neue Latein Lexikon*, 1998 als deutsche Ausgabe des 1992 von der Libraria Editoria Vaticana herausgegebenen *Lexicon recentis Latinitatis* erschienen. Das Buch ist immerhin noch lieferbar und durch das angenehme Druckbild gut nutzbar. Auch hier folgt offenbar die Auswahl der Stichwörter dem Prinzip, nur solche Begriffe aufzunehmen, die in der antiken Sprache nicht vorkommen. Man findet, um wenige Beispiele zu nennen, *Pensionierung* und *Pensionsgast*, aber nicht *Pension*, *geländetauglich*, aber nicht *Gelände*, *butterig*, aber nicht *Butter*, *gelblich*, aber nicht *gelb*. Dafür erhält man lateinische Übersetzungen für medizinische Fachbegriffe wie *Brontophobie*, *Defibrination* oder *Inotropie*.

Eine Zwischenlösung aus Wörterbuch und „Sprachführer" stellt die *Pars Lexicalis* des mehrbändigen Werkes *Latinitas viva* von Caelestis Eichenseer dar. Im Hauptteil findet sich eine umfangreiche, nach Sachgruppen geordnete Liste lateinischer Begriffe, jeweils mit einer italienischen, spanischen, französischen, englischen und deutschen Übersetzung und Hinweisen zu Quellen und Belegstellen. Eichenseers Ziel ist es dabei offensichtlich, für jeden neuzeitlichen Begriff eine eindeutige lateinische Entsprechung zu finden (vgl. Stroh, *Hilfen*, Nr. 36). Alphabetisch erschließen lassen sich die Einträge über einen Anhang mit Indices in den genannten Sprachen.

Preiswerter und zum Teil noch im Buchhandel erhältlich sind etwa das *Langenscheidt Abitur-Wörterbuch*, das *Pons Schulwörterbuch* (früher *Schülerwörter-*

buch) von Klett oder der *Stowasser primus* aus dem Oldenbourg-Verlag, die in ihren jeweiligen deutsch-lateinischen Teilen ausdrücklich auch Neologismen zur Abdeckung des modernen Wortschatzes enthalten.

Hilfsmittel 3: Lehrwerke

Wie bereits ausgeführt, zielt der schulische Lateinunterricht weitestgehend auf die Fähigkeit ab, lateinische Texte zu erschließen und zu übersetzen. An diesem Ziel orientieren sich folgerichtig auch die herkömmlichen schulischen Lehrwerke. Im Zentrum der einzelnen Lektionen stehen lateinische Texte, die ins Deutsche übersetzt werden sollen. Dazu kommen Übungen zu Grammatik, Wortschatz und Texterschließungstechniken, ein zweisprachiger Vokabelteil sowie Anhänge mit alphabetischen Wortregistern und Sacherklärungen. Als Unterrichtssprache ist selbstverständlich Deutsch vorgesehen.

Diese Lehrwerke bieten hinsichtlich ihrer Zielsetzung und Anlage (vielleicht mit Ausnahme der allerersten Lektionen) wenig, was dazu befähigen würde, sich zu begrüßen oder vorzustellen, nach dem Weg zu fragen, Trauer oder Freude zum Ausdruck zu bringen oder über Hobbys zu sprechen.

Dies wird, gerade von motivierten und am Lateinischen interessierten Schülerinnen und Schülern, durchaus erkannt und beklagt: „Jetzt habe ich schon sechseinhalb Jahre Latein und kenne immer noch nicht die Zahlen von eins bis zehn!“ – Man könnte hinzufügen: „Auch nicht die lateinischen Begriffe für Tisch und Stuhl, Regen und Schnee, bitte und danke.“ Hinzu kommt, dass man, um über den heutigen Alltag zu sprechen, auch Neologismen für „Computer“ und „Fahrrad“ benötigt, die sich in den gängigen Lehrwerken ebenfalls nicht finden.

Zwar gibt es durchaus einige einsprachig-lateinische Lehrwerke, die einen anderen Ansatz verfolgen und primär oder vollständig auf die Fähigkeit zur aktiven mündlichen Kommunikation abzielen. Da diese jedoch nicht Ziel des schulischen Lateinunterrichts ist, sind diese Bücher wenig bekannt und in den Bundesländern mit Lernmittelfreiheit nicht zugelassen.

Aus der Arbeit des Vereins *Europäische Lateinwochen e.V.* entstand ein im Hauptteil vollständig einsprachiger Konversationskurs. Geschrieben ist er als Textbuch für die vom Verein durchgeführten Lateinwochen. Wer daran teilnimmt, sollte laut Umschlagtext etwa zwei bis drei Jahre Latein gelernt haben (laut Vorwort genügen sogar ein bis zwei Jahre, was vielleicht etwas zu optimistisch ist). Das Buch trägt den Titel *SEPTIMANA LATINA* und ist in sieben als Tage *(DIES)* bezeichnete Lektionen untergliedert. Hauptteil der einzelnen *DIES* sind Dialoge, die sich eng an dem Ablauf der Veranstaltung orientieren. Im *DIES PRIMVS* geht es um die Anreise, das Beziehen der Zimmer und gegenseitiges Vorstellen. An den folgenden „Tagen" führt man Gespräche über Essen und Trinken, Familie, Kleidung, Reisen, Hobbys und einiges mehr. Unterstützt werden die Texte durch zahlreiche sehr ansprechend und übersichtlich gestaltete Bildseiten, die das Erschließen neuer Vokabeln erleichtern. Zu jedem „Tag" gehören mehrseitige Übungen, die die aktive Kommunikation anregen sollen, von einfachen Wort- und Satzfragen bis hin zur Exposition kleiner Alltagsprobleme, für die Lösungsmöglichkeiten formuliert werden sollen.

Abgerundet wird das Werk durch einen umfangreichen Anhang. Dieser umfasst zunächst einen Grammatikteil, der wiederum von Kommunikationsanlässen ausgeht. Es beginnt mit Fragenstellen (> Fragewörter), Beschreiben (> Steigerungsformen, Demonstrativpronomina, Attribute), Erzählen (> Adverbien der Zeit, AcI, NcI, Partizipien), Wünschen (> Imperativ und Konjunktiv), Erwägen und Erklären (> indirekte Rede und Bedingungssätze) und schließlich Ausdrücken der Notwendigkeit (> Gerundivum mit *esse*). Erst danach folgen die üblichen Deklinations- und Konjugationstabellen. Des Weiteren umfasst der Anhang eine Reihe von Spielanleitungen sowie einen dreisprachigen alphabetischen Vokabelteil (lateinisch-englisch-deutsch). Hinzu kommt ein Abschnitt mit „Lectiones", Lesestücken mit Originaltexten. Deren Auswahl folgt offenbar primär dem Kriterium, Beispiele von „lebendigem" Latein zu präsentieren: Neben einem Abschnitt aus Petrons *Cena Trimalchionis* finden sich Briefe von Cicero und Plinius, einige Epigramme Martials sowie das Trinklied *In taberna quando sumus* aus den *Carmina Burana*. Etwas aus dem Rahmen fällt eine astronomische Abhandlung aus Vitruvs *Architectura* und der Anfang von Lukrez' *De Rerum Natura*. Etwas befremdlich ist allerdings, dass es unter diese Lesestücke kein einziger Text von Terenz oder Plautus geschafft hat – gerade so, als sei selbst den

Protagonisten der *Latinitas viva* der Wert dieser Autoren als Quelle originaler lateinischer Umgangssprache nicht mehr bewusst.

Radikal einsprachig ist das Lehrwerk *Lingua Latina per se illustrata* von Hans Henning Ørberg (ausführlich besprochen bei Stroh, *Hilfen,* Nr. 38 und 39). Im Unterschied zu *SEPTIMANA LATINA* handelt es sich dabei nicht um einen Konversationskurs; hinsichtlich Anlage, Zielsetzung und Umfang ist es durchaus mit einem konventionellen Lehrbuch vergleichbar, das heißt, es bietet einen kompletten, systematisch aufgebauten Sprachkurs. Der Hauptteil *(Pars I: Familia Romana)* ist in 35 Kapitel gegliedert, von denen jedes einen umfangreichen Lesetext, einen Grammatikteil und Übungen enthält. Im Anhang finden sich unter anderem eine Kurzgrammatik (im Wesentlichen die üblichen Deklinations- und Konjugationstabellen) sowie ein alphabetisches Wortverzeichnis. Ein zweiter Band *(Pars II: Roma aeterna – Exercitia Latina)* enthält ebenfalls einsprachige Übungen, offenbar für Fortgeschrittene. Die Kapitelzählung beginnt mit 36, schließt also unmittelbar an den 1. Band an.

Die Lektionstexte sind so konzipiert, dass sie (dem Titel des Werkes entsprechend) aus sich heraus verständlich sein sollen. Dazu dienen geschickt auf den Text abgestimmte Bilder und viele Redundanzen (Wiederholungen, Fragen, Antithesen). Wer sein ganzes Berufsleben mit zweisprachigen Lehrwerken unterrichtet hat, fragt sich vielleicht, ob dies funktionieren kann. Sicherlich nicht zu einhundert Prozent – gerade bei den Grammatikerklärungen und der Wortschatzarbeit wird man im Unterricht durch muttersprachliche Erklärungen das Verständnis absichern müssen. Vor allem der fehlende Vokabelteil muss in irgendeiner Weise kompensiert werden.

Dass jedoch überhaupt eine Verständlichkeit des Textes aus sich selbst heraus sowie eine Kontrolle des Textverständnisses nicht durch Übersetzen, sondern durch aktiven Gebrauch der Zielsprache angestrebt wird, lässt Ørbergs Lehrwerk durchaus als eine interessante Alternative erscheinen: „Es ist kaum begreiflich, daß dieses mit Sachverstand und Leidenschaft verfaßte Unterrichtswerk in Deutschland noch nicht einmal versuchshalber in Schulen eingeführt wurde" (Stroh, *Hilfen*, Nr. 39).

Zielsetzung dieser Phraseologie

Das Hauptanliegen der nachfolgenden Zusammenstellung ist es, einem an der *Latinitas viva* interessierten Leserkreis Vokabeln und Redewendungen zur Verfügung zu stellen, die für eine gegenwartsbezogene mündliche Kommunikation nützlich sind und deren Authentizität sich in der lateinischen Literatur belegen lässt. Hierzu wurden sämtliche Komödien von Plautus und Terenz sowie der spätantike pseudo-plautinische *Querolus* auf geeignete Formulierungen hin durchgesehen, diese gesammelt und (darin dem Vorbild der oben genannten „Sprachführer" folgend) nach Redeanlässen oder Themen geordnet. Mit berücksichtigt wurden einige Formulierungen aus den humanistischen Dramen *Stylpho* von Jakob Wimpheling und *Henno* von Johannes Reuchlin. Hinzu kommen einige „Zufallsfunde" aus eigener Lektüre oder aus der Sekundärliteratur. Wörter, die nicht in der ausgewerteten Literatur vorkommen, aber bei Georges aufgeführt sind, sind an anderer Stelle in der antiken Literatur belegt; sie sind mit dem Zusatz „*(Georges)*" versehen.

Eine solche Zusammenstellung will und kann die Originallektüre natürlich nicht ersetzen. Sie kann jedoch einen Eindruck vermitteln, welch reicher – inzwischen offenbar ein wenig verschütteter – Schatz originaler lateinischer Umgangssprache sich gerade in der römischen Komödie findet, und Lust machen, selbst einmal einige Szenen oder ein komplettes Stück zu lesen.

Für eine moderne Alltagskommunikation braucht man allerdings, wie schon erwähnt, auch Begriffe, die sich in der antiken Literatur nicht finden lassen, etwa im Bereich „Verkehr", „Medien", „Spiel, Sport und Hobby". Auch hierzu finden sich in nachstehender Phraseologie Vorschläge. Die Auswahl beruht auf eigener Unterrichtstätigkeit sowie persönlichem Interesse und erhebt keinen Anspruch auf Vollständigkeit. Eine Vertiefung und Erweiterung ist leicht möglich, etwa unter Zuhilfenahme von C. Eichenseers *Latinitas Viva,* die besonders im lexikalischen Teil *(Pars lexicalis)* nach Sachgruppen geordnet eine Fülle von Material bietet, oder durch Studium des oben erwähnten Kommunikationskurses *SEPTIMANA LATINA.*

Zur Bezeichnung solcher moderner Sachverhalte gibt es grundsätzlich die folgenden Möglichkeiten:

- Wörter wandeln ihre Bedeutung zusammen mit den materiellen Gegebenheiten ihrer Umgebung. So bezeichnete das deutsche Wort *Wagen* ursprünglich ein von Menschen oder Tieren gezogenes Fahrzeug. Nach Erfindung und Verbreitung des Automobils erweiterte sich seine Bedeutung auch auf Personenkraftwagen. Warum also sollte im Lateinischen das Wort *raeda,* das in der Antike einen vierrädrigen Reisewagen bezeichnete, in modernem Zusammenhang nicht auch für einen PKW stehen?
- Mit der Übernahme eines abstrakten Begriffs oder eines materiellen Gegenstandes wird häufig dessen Name entweder als Fremdwort (z. B. *Computer, Airbag)* oder Lehnwort (z. B. *boykottieren, upcyceln*) übernommen. Auch das Lateinische der Antike ist so verfahren. So haben die Römer etwa das Wort *bracae = Hose* von den Germanen übernommen, als sie das Kleidungsstück bei ihnen kennenlernten (altenglisch *brēc,* althochdeutsch *bruoh;* vgl. Collins *breech*), und so lassen sich auch moderne Begriffe latinisieren. Für das gälisch-englische Wort *Whisky* etwa schlagen sowohl das NLL als auch Eichenseer (33,14) und Helfer *vischium, ī, n.* vor.
- Oft lassen sich aus lateinischen oder griechischen Bestandteilen Neologismen bilden, gerade auch, wenn diese bereits als Fremd- oder Lehnwörter in die modernen Sprachen integriert sind. Das deutsche Wort *Automobil* besteht aus dem griechischen *αὐτός* (selbst) und dem lateinischen *mōbilis* (beweglich), bezeichnet also etwas, das sich aus eigener Kraft bewegt. Im englischen *bicycle* steckt die lateinische Vorsilbe *bi-* (zwei) und das griechische *κύκλος* (Kreis, Rad). Dementsprechend lässt sich für das Automobil *automōbile, is, n.* und für das Fahrrad *bicyclus, ī, m.* bilden.

  Solche griechisch-lateinischen „Hybridbildungen" werden bisweilen kritisch gesehen, weswegen das NLL für *Fahrrad* das rein lateinische *birota, ae, f.* anbietet, für *Automobil* das rein griechische *autocinētum, ī, n.* Eichenseer, der hier weniger streng ist, führt ebenfalls diese beiden Wörter an, daneben aber auch die Hybridbildungen *autoraeda* (39,5) und *bicyclus* (39,3). Natürlich bleibt es der persönlichen Entscheidung überlassen, wie puristisch man an dieser Stelle sein will; allzu große Strenge erscheint allerdings leicht etwas künstlich und führt dazu, dass manches, was aus den modernen Sprachen schon vertraut ist, wieder aufgegeben und durch neue Wortschöpfungen ersetzt werden muss.

- Dem Bestreben um „Sprachreinheit“ (Stroh, *Hilfen,* Nr. 7) entspringt das Verfahren, einen modernen Begriff mit mehreren antiken Wörtern zu umschreiben. Das NLL, das wie schon erwähnt mit *vischium* für *Whisky* kein Problem hat, bietet für „Wodka“ *valida pōtiō Slāvica* an, also ein „kräftiges slawisches Getränk“. „Pizza“ wird im NLL zu *placenta compressa,* also „zusammengedrückter Kuchen“. Als besonders extremes Beispiel zitiert Stroh aus einem deutsch-lateinischen Wörterbuch von 1805, das „für ‚Hemd‘ sogar ganze fünf Wörter braucht: *tunica lintea corpus proximē tangens*“ (*Hilfen,* Nr. 7). Dies sind keine Übersetzungen, sondern Definitionen oder Umschreibungen, und so funktioniert Sprache normalerweise nicht. Warum für „Pizza“ nicht einfach *pizza, ae, f.* und für „Wodka“ das naheliegende *vodca, ae, f.*? Und für Hemd gibt es immerhin das spätantike/mittelalterliche Wort *camīsia* (vgl. S. 82).

Richtschnur für gute Latinität in moderner lateinischer Kommunikation sollte meines Erachtens sein, sich bei allgemeinmenschlichen, zeitübergreifenden Sachverhalten sorgfältig am überlieferten antiken Ausdruck zu orientieren. Dort, wo kein antiker Ausdruck zur Verfügung steht, aber ein mittelalterliches oder frühneuzeitliches Wort überliefert und eingebürgert ist, sollte diesem der Vorzug vor phantasievollen Eigenkreationen gegeben werden. Wo beides nicht der Fall ist, insbesondere bei modernen Gegenständen und Begriffen, sollte man dagegen nicht allzu pedantisch sein und jede Künstlichkeit vermeiden.

Hinweise zur Benutzung

Die Belegstellen aus der Literatur sind aus Gründen der Benutzerfreundlichkeit nicht immer wörtlich zitiert, zum Beispiel wenn es sinnvoll erscheint, Verben im Infinitiv oder Substantive im Nominativ Singular anzugeben, indirekte Rede aufzulösen oder Ausdrücke zu verkürzen oder zu vereinfachen.

Archaische Formen (z. B. *quoius* statt *cuius, maxumē* statt *maximē, servom* statt *servum)* wurden dem „klassischen“ Latein angeglichen, um keine unnötigen

Hürden aufzubauen. Dort, wo idiomatisch interessante Formulierungen offensichtlich auf das Altlateinische beschränkt und nicht ohne Weiteres zu „modernisieren“ sind, sind diese mit einem † bezeichnet. Sofern sich Formulierungen mehrfach nachweisen lassen, ist (ebenfalls im Interesse der Benutzerfreundlichkeit und der Übersichtlichkeit) in der Regel nur eine Belegstelle angeführt.

Bei den Substantiven sind Genitiv und Geschlecht angegeben, allerdings nicht bei männlichen Substantiven der o-Deklination auf *-us,* bei weiblichen auf *-a* und bei sächlichen auf *-um;* bei Adjektiven auf *-us, -a, -um* ist lediglich die Form auf *-us* aufgeführt. Bei Verben sind Hinweise zur Konjugation sporadisch beigegeben, sofern dies sinnvoll erschien; im Zweifel hilft hier jedes lateinisch-deutsche Wörterbuch weiter.

Was die Quantitäten betrifft, sind lange Vokale *(māter)* in der Regel bezeichnet, kurze Vokale *(păter)* nur dann, wenn sie oft falsch gesprochen werden. Wo dies sinnvoll erscheint, sind Betonungen *(mātértera)* hervorgehoben.

Für einige Begriffe, zu denen ich keine lateinischen Belege gefunden habe, habe ich mir „Eigenkreationen“ erlaubt und mit einem vorangestellten *Sternchen (Asterisk) gekennzeichnet. Damit soll kein Anspruch auf Urheberschaft erhoben werden, denn es ist ja durchaus möglich, dass irgendjemand schon einmal auf die gleiche Idee gekommen ist. Vielmehr soll (eher im Sinne eines „Warnhinweises“) auf den spekulativen Charakter des Wortes aufmerksam gemacht werden.

⁂

Für praktische Hinweise und wissenschaftlichen Rat danke ich Prof. Jürgen Blänsdorf (Mainz), Prof. Christian Pietsch (Münster) und Prof. Wilfried Stroh (München).

⁂

Für Kritik, Korrekturen und Hinweise (bitte an *hamo1958@web.de)* bin ich ausdrücklich dankbar!

Grammatischer Exkurs: Das Pronomen *iste/istic*

Im Deutschen sind wir es kaum noch gewohnt, bei den Demonstrativpronomina nach Nähe und Ferne oder gar nach den grammatischen Personen zu unterscheiden. *Jener, jene, jenes* wird in räumlichem Zusammenhang praktisch nicht mehr verwendet, und so muss man bereits im Englischunterricht eigens erklären, dass *this/these* für Nahes, *that/those* für Fernes gebraucht wird. Im Lateinunterricht entsteht bisweilen der Eindruck, dass es bei *hic, haec, hoc* einerseits und *ille, illa, illud* andererseits um den gleichen Unterschied gehe wie im Englischen. Das Pronomen *iste, ista, istud* bleibt dabei blass und irgendwie undeutlich; Rubenbauer/Hofmann (§ 56,4) übersetzt mit „der da, dieser da", was der tatsächlichen Funktion nicht ganz gerecht wird.

In erster Linie sind die drei genannten lateinischen Pronomina nämlich den drei grammatischen Personen zugeordnet: *hic* gehört zur 1., *iste* zur 2. und *ille* zur 3. Person. Wie überraschend diese Einsicht selbst für eine erfahrene Latinistin sein kann, wird anhand eines von Eltje Böttcher geschilderten persönlichen Erlebnisses deutlich (S. 20 f.). Der Grund für diesen „blinden Fleck" dürfte sein, dass in den in Unterricht und Studium gelesenen Texten kaum Personen in einem Hier und Jetzt miteinander agieren und kommunizieren. In der Umgangssprache der Komödie ist das natürlich ganz anders. Wenn Agorastocles sagt: „*at enim* ***hoc*** *volō agās*" und Hanno darauf antwortet: „*at enim agō* ***istuc***" (Plautus, *Poen. 1197*), so genügt der Unterschied zwischen *hoc* und *istuc* zur Differenzierung der Personen: „*Ich will aber, dass Du dich auf* ***meine*** *Sache konzentrierst. – Aber ich konzentriere mich doch auf* ***deine*** *Sache.*"

Die Formen von *iste, ista, istud* werden grundsätzlich analog zu *ille, illa, illud* gebildet (vgl. RH § 56,4). Allerdings kann an diese Formen noch die Demonstrativpartikel -*ce* angehängt werden. Georges behandelt die so entstandenen Formen in einem eigenständigen Eintrag „*istic, aec, oc* od. *uc*“. In den Komödien werden vorzugsweise diese erweiterten Formen verwendet, zum Beispiel:

- Nom. und Akk. Sing. Neutr. *istŭc* statt *istŭd*
- Abl. Sing. Mask. und Neutr. *istōc* statt *istō*
- Abl. Sing. Fem. *istāc* statt *istā*
- Nom. Plur. Fem. *istaec* statt *istae*
- Nom. und Akk. Plur. Neutr. *istaec* statt *ista*

⁂

Die gleiche Dreiteilung findet sich auch bei den Adverbien der Orts- beziehungsweise Richtungsangabe:

	1. Person	2. Person	3. Person
wo?	***hīc*** hier bei mir/uns	***istīc*** dort bei dir/euch	***illīc*** dort bei jd. anderem
wohin?	***hūc*** hierher zu mir/uns	***istūc*** dorthin zu dir/euch	***illūc*** dorthin zu jd. anderem
woher?	***hinc*** hier von mir/uns her	***istinc*** dort von dir/euch her	***illinc*** dort von jd. anderem her

Aussprache

A. Vokale

1. Diphthonge *(ae, oe, eu)* wurden ursprünglich als echte Doppellaute gesprochen, also ***ae*** ähnlich wie [aɪ], ***oe*** ähnlich wie [ɔɪ], beide jedoch „offener". In der Spätantike und im Mittelalter wurden ***ae*** und ***oe*** unterschiedslos als [e] gesprochen und auch geschrieben. Die Aussprache als deutscher Umlaut (ä, ö) ist neuzeitlich und auf den deutschen Sprachraum begrenzt. ***eu*** wird wie in Italienisch [eu'ro:pa] gesprochen, also **nicht** [ɔɪ] wie im deutschen *heute.*
2. Einfache Vokale werden weitgehend wie im Deutschen gesprochen, wobei man aber sorgfältig auf die Quantitäten (lange und kurze Vokale) achten muss.

B. Konsonanten

1. ***c*** wird immer [k] gesprochen, ***ch*** als [kh], also ***pulcher*** als ['pulkher], **nicht** wie in dem deutschen Wort ***ich.***
2. ***v*** und ***u*** (geschrieben wurde immer *V)* waren ursprünglich der gleiche Laut, nämlich [u]; vor Vokalen wird dieser Laut zu [w] wie im Englischen ***water.***
3. ***s*** ist immer stimmlos („scharfes" ***s***, „Schlangen-S").
4. ***r*** ist immer Zungen-R wie im Italienischen oder manchen deutschen Dialekten.
5. ***h*** wird nur schwach oder gar nicht gesprochen; vgl. lateinisch ***honor*** mit englisch ***honour*** und französisch ***honneur*** (beide mit stummem ***h***) und italienisch ***onore.***
6. -***gn***- wird [ŋn], nicht [gn] gesprochen, ***magnus*** also nicht ***mag-nus,*** sondern ***mang-nus.***
7. -***ti***- wird nicht als z [ts] gesprochen, ***ratiō*** also nicht ***raz-jō,*** sondern ***ra-ti-ō.***
8. Doppelkonsonanten werden immer doppelt gesprochen, also ***puel-la*** (vgl. italienisch *„Ciao, bel-la.")*.

Abkürzungen und Kurztitel

Plautus, Komödien

Amph.	Amphitruo
As.	Asinaria
Aul.	Aulularia
Bacch.	Bacchides
Capt.	Captivi
Cas.	Casina
Cist.	Cistellaria
Curc.	Curculio
Epid.	Epidicus
Men.	Menaechmi
Merc.	Mercator
Mil.	Miles Gloriosus
Most.	Mostellaria
Pers.	Persa
Poen.	Poenulus
Pseud.	Pseudolus
Rud.	Rudens
Stich.	Stichus
Trin.	Trinummus
Truc.	Truculentus
Vid.	Vidularia

Terenz, Komödien

Ad.	Adelphoe
And.	Andria
Eun.	Eunuchus

Hec.	Hecyra
Ht.	Heautontimorumenos
Ph.	Phormio

Sonstige lateinische Autoren

Afr. com.	Afranius, Komödien
Apg.	Apostelgeschichte
Apic.	Apicius, de Re Coquinaria
Aug. conf.	Augustinus, Confessiones
Caes. bell. Gall.	Caesar, Bellum Gallicum
Caes. bell. civ.	Caesar, Bellum Civile
Cat.	Catull, Carmina
Cic. Att.	Cicero, ad Atticum
Cic. fam.	Cicero, ad Familiares
Cic. Tusc.	Cicero, Tusculanae Disputationes
Gell.	Gellius, Noctes Atticae
Henno	Reuchlin, Henno
Hohelied	Das Hohelied der Bibel
Hor. ars	Horaz, Ars Poetica
Hor. carm.	Horaz, Carmina
Hor. sat.	Horaz, Satiren
Joh.	Evangelium nach Johannes
Juv.	Juvenal, Satiren
Lk.	Evangelium nach Lukas
Lucil. sat.	Lucilius, Satiren
Mt.	Evangelium nach Matthaeus
Naev. trag.	Naevius, Tragödien
Ov. Met.	Ovid, Metamorphosen
Petr.	Petronius, Satyricon
Quer.	Anonymus, Querolus
Sen. ep.	Seneca, Epistulae Morales
Stylpho	Wimpheling, Stylpho

Suet. Aug.	Sueton, Divus Augustus
Suet. Claud.	Sueton, Divus Claudius
Suet. Iul.	Sueton, Divus Iulius
Suet. gr.	Sueton, de Grammaticis et Rhetoribus
Tert. idol.	Tertullian, de Idololatria

Sekundärliteratur

An dieser Stelle sind Abkürzungen bzw. Autorennamen nur in den Fällen aufgeführt, in denen sie sich nicht ohne Weiteres im alphabetischen Literaturverzeichnis am Ende auffinden beziehungsweise zuordnen lassen. Als Auflösung der Abkürzungen sind Kurztitel genannt. Die ausführlichen bibliographischen Angaben finden sich im Literaturverzeichnis. – Sofern nicht anders angegeben, beziehen sich Angaben zu Wörterbüchern immer auf das jeweilige Stichwort.

Ehlers	Petronius (Übersetzung)
Eich.	Eichenseer, Latinitas viva: Pars lexicalis
EWD	Pfeiffer, Etymologisches Wörterbuch des Deutschen
Georges	Georges, Lateinisch-Deutsches Handwörterbuch
Güthl.	Güthling, Langenscheidt Deutsch-Lateinisch
Hofm.	Hofmann, Lateinische Umgangssprache
Kl. P.	Der Kleine Pauly
Lang.	Langenscheidts Großes Schulwörterbuch
MLG	Mittellateinisches Glossar
NLL	Neues Latein Lexikon
Pons	Pons Schülerwörterbuch (Deutsch-Lateinischer Teil)
RH	Rubenbauer/Hofmann
Schnur, *Henno*	Schnur, Nachwort zu Reuchlin, Henno
Schnur, *Stylpho*	Schnur, Nachwort zu Wimpheling, Stylpho
SL	SEPTIMANA LATINA
Stroh, *Hilfen*	Stroh, Hilfen zum Lateinsprechen
Stroh, *Latein*	Stroh, Latein ist tot

Phraseologie

Begrüßung

salvē/salvēte! *(And. 267)*	Sei/Seid gegrüßt!
salvus/a sīs!	Sei gegrüßt!
salvē multum, mī pater! – salvus/a sīs. *(Men. 775f.)*	Sei herzlich gegrüßt, mein Vater! – Du auch.
salvum/am tē advenīre gaudeō! *(Ad. 80f.)*	Sei ganz herzlich gegrüßt! *(wörtl: Ich freue mich, dass du wohlbehalten ankommst!)*
venīre salvum/am volup est. *(Ph. 610)*	Es ist mir ein Vergnügen, dass du wohlbehalten (wieder) da bist.
crēdō! *(Ph. 610)*	Danke! Schon recht! (*wörtl:* Ich glaub's.)
salvē, Marcě/Cornēlia!	Guten Tag, Marcus/Cornelia!

Männliche Substantive der o-Deklination auf -us *(bzw.* -ius*) haben zumeist eine besondere Anredeform auf* -ĕ *(bzw.* -ī*), den Vokativ; bisweilen wird stattdessen allerdings auch der Nominativ benutzt, so Quer. II,3* salvē, Mandroger**us** *oder As. 664* da, meus ocel**lus**, mea rosa, mī anime ... *(beide Formen nebeneinander; vgl. Kühner I, S. 447,8). – Da gerade Kinder und Jugendliche bei Veränderungen des eigenen Namens oft recht sensibel sind* (Julian > Iūliāne, Friedrich > Frīderīce, *usw.), sollte man in dieser Frage in moderner Kommunikation, z. B. im Schulunterricht, nicht allzu streng sein.*

bonĕ vir *(And. 616)*	guter Mann, mein Herr

pătĕr *(Rud. 103)*	„Vater" *(höfliche Anrede für älteren Mann)*
māter *(Rud. 263)*	„Mutter" *(höfliche Anrede für ältere Frau)*
optimĕ/a *(Truc. 121; dort allerdings ironisch; vgl. Hofm. S. 150f.)*	mein Herr/meine Dame *(vgl. regional* mein Bester)
optima fēmina *(Aul. 135)*	beste Frau
mea tū *(Ad. 289)*	meine Liebe *(Anrede an vertraute Frau)*
in quaestiōne esse *+ Dat. (Pseud. 663)*	*für jd.* nicht auffindbar sein
ubi tū es? – eccum! *(Mil. 25)*	Wo bist du? – Hier!
eccum *(m.)*/eccam *(f.)* hīc tibī! *(Ht. 829)*	Hier bin ich!

Formen wie eccum/eccam *sind Verbindungen von* ecce *mit einem Personal- oder Demonstrativpronomen und typisch für die „gew.[öhnliche] Konversationsspr.[ache]" (Georges).*

ehem opportūnē! *(Ad. 81)*	Ach, das trifft sich gut!
tē ipsum/am quaerō/quaeritō/quaerēbam. – et ego tē. *(Ad. 81/266; And. 345/533)*	Genau dich suche ich/habe ich gesucht. – Und ich dich.
ad tē ībam. *(And. 580)*	Zu dir wollte ich gerade.
haud aspēxeram tē. *(Ad. 373)*	Ich hatte dich gar nicht gesehen.
quid tū Athēnās insolēns *(erg.:* vēnistī)? *(And. 907)*	Was machst **du** denn in Athen? *(wörtl.:* Warum bist du denn so ungewohnterweise nach Athen gekommen?)
antīquum obtinēs. *(And. 817)*	Du bist ganz der Alte.
numquid amplius? – tantumst. *(Merc. 282f.)*	Brauchst du mich noch? – Das ist alles.
numquid vīs? *(Curc. 516)*	Möchtest du noch etwas?
(bĕnĕ) vălē/vălēte! *(Curc. 516/Ph. 533)*	Leb/Lebt wohl! Auf Wiedersehen!
cōpulārī dexterās *(Aul. 116)*	die Hände schütteln
manum prehendere *(Amph. 716)*	die Hand ergreifen
cĕdō tuam mī dexteram! *(Curc. 307)*	Gib mir die Hand!

Name und Herkunft

quid est tibi nōmen? *(Pers. 700)*	Wie heißt du?
nōmen mihi est Marcus/Marcī/Marcō.	Ich heiße Marcus.

Vgl. Georges zu nōmen *I A: Möglich ist die Verbindung mit Nominativ (z.B. Truc. 12), Genitiv (als Attribut zu* nōmen *oder Dativ (in Kongruenz zu* mihi, *so etwa Amph. 19:* nōmen Mercŭriōst mihī).

nōnnĕ tū Querolus dīceris? (*vgl. Quer. II,3; dort* tū nōn ...)	Heißt du nicht Querolus?
unde es? (*Joh. 19,9; dort:* unde es tū?)	Woher kommst du?
patria *(Ad. 275)*	Heimatstadt, Vaterland
quae tibi est patria?	Was ist deine Heimatstadt?
patria mihi est Mōgontíacum.	Meine Heimatstadt ist Mainz.
habitō Mōgontíacī. *(Georges* habitō *II)*	Ich wohne in Mainz.

So wie die (zumeist weiblichen!) Ortsnamen der o-Deklination auf -us (Corinthus > Corinthī; *vgl. RH § 154) bilden auch die Neutra auf* -um *den Lokativ auf* -ī; *vgl. Caes. bell. civ. I,25,2:* „... Pompeium remanēre **Brúndisī**".

Alter

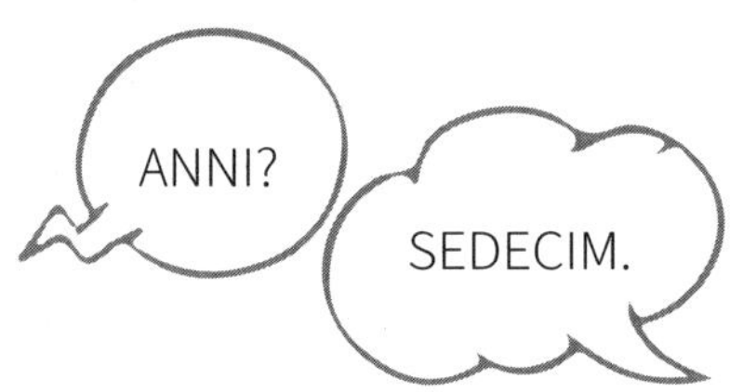

quot annōs nātus/a es?	Wie alt bist du? (*wörtl.:* Vor wie vielen Jahren bist du geboren?)
trīgintā annōs nātus/a sum. (*vgl. Mil. 629; Men. 446:* annīs)	Ich bin dreißig Jahre alt.
annī? – sēdecim. *(Eun. 318)*	Wie alt? – Sechzehn.
adulēscentulus *(Ad. 101)*	junger Mann, Jugendicher
adulēscentula *(Rud. 416)*	junge Frau, Jugendliche
iam inde ab adulēscentiā *(Ad. 41)*	schon von Jugend an
Claudia frātre māior/minor est. *(Abl. des Vergleichs; vgl. RH § 144).*	Claudia ist älter/jünger als ihr Bruder.

nātū grandior *(Ad. 930)*	älter, ziemlich alt
aetās, ātis, *f. (Men. 753)*	Lebensalter
mĕdia est mulieris aetās. *(Aul. 159)*	Die Frau ist in mittlerem Alter.
aetātem agere *(Hec. 284)*	sein Leben verbringen
hōc aetātis *(Bacch. 1100)*	in meinem Alter
excēdere ex ephēbīs, ō, excessī *(And. 51)*	volljährig werden

Wie geht es?

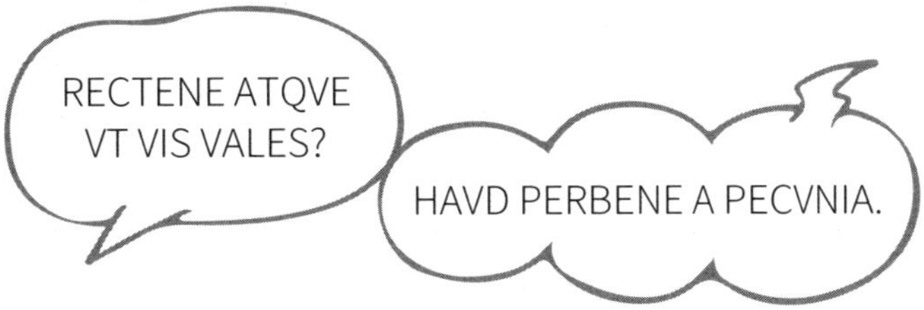

ut valēs? *(Ht. 406)*	Wie geht's?
quid tū? rēctēnĕ atque ut vīs valēs? *(Aul. 183)*	Und dir? Geht's dir gut und so wie du es willst?
haud perbene ā pecūniā. *(Aul. 186)*	Vom Geld her nicht so besonders.
quid fit? quid agitur? *(Ad. 883)*	Wie geht's? Wie steht's?
rēctē. *(Ad. 884)*	Ganz gut.
variē. *(Epid. 17)*	Mal so, mal so.
quid agis? *(Most. 719)*	Was machst du gerade? Wie geht es dir?
Pamphila quid agit? *(Ad. 619)*	Wie geht es Pamphila?
mihi bene/male est. *(Ad. 34)*	Mir geht es gut/schlecht.

Zum Gebrauch von esse *mit Adverb vgl. Hofm. S. 166.*

satin (< satis-nĕ) omnia ex sententiā? – vellem quidem! *(Ph. 256f.)*	Alles soweit in Ordnung? – Ich wünschte, es wär' so!

Im Gespräch

sermōnem habēre cum *(Hec. 607)*	ein Gespräch führen mit
autumāre + *AcI (Capt. 885)*	sagen/behaupten, dass
opere ēdīxit maximō: *(Pseud. 897)*	Er sagte mit großem Nachdruck:
operam sermōnī dare (alicuius) *(Epid. 238)*	auf das Gespräch (von jd.) achten
commūnicāvī tēcum cōnsilia omnia. *(Pers. 334)*	Ich habe dir all meine Pläne mitgeteilt.
linguā Latīnā (scīre) loquī *(As. 793; dort* Atticā)	lateinisch sprechen (können)
ūnum verbum commūtāre *(And. 410)*	ein einziges Wort wechseln
dum sermōnēs caedimus … *(Ht. 242)*	während wir Sprüche klopfen …
verba nē faciās! *(Aul. 173)*	Spar dir deine Worte!
cavē dīxeris! *(Ad. 458)*	Sag so etwas doch nicht!
narrās probē. *(And. 970)*	Das hör' ich gern! (*wörtl.:* Du erzählst ordentlich.)
bene monēs. *(Mil. 1169)*	Du hast Recht (mit deiner Ermahnung).
ad tōnsōrem īre dīxit. *(As. 394)*	Er sagte, er gehe zum Friseur.

Der Wegfall des Subjektsakkusativs (in diesem Fall sē*) kommt häufig, aber nicht nur, in der Umgangssprache vor, z. B. auch Stich. 82; Trin. 1129; And. 401; Cic. fam. II,13,2/XVI,5,1; Cic. Tusc. II,17,40; vgl. Kühner II,1, S. 700 f.*

Gesprächseröffnung

appellāre *(Mil. 124)*	ansprechen
auscultā paucīs, nisī molestum est! *(Ad. 806)*	Hör mal kurz zu, wenn es dir nichts ausmacht!
paucīs tē volō: *(And. 29)*	Auf ein Wort:/Nur ganz kurz:
nōs sumus. *(Cas. 197)*	Wir sind unter uns.
dīc sōdēs: (< sī audēs) *(Ad. 517)*	Sag doch bitte:

Zu sōdēs *vgl. S. 47.*

ehodum dīc mihī: *(And. 324)*	He du, sag mir mal:
fac (mē ut) sciam! *(Ht.84/Mil. 277)*	Lass es mich wissen!
heus mulier, tibi dīcō! *(Men. 378)*	He, Frau, ich rede mit dir!
auscultā! – istīc sum. *(Hec. 114)*	Hör zu! – Ich bin ganz bei dir.
auscultō: loquere, quid velīs! *(And. 537)*	Ich höre: Sag, was du willst!
audīn (< audīs-nĕ) etiam? *(Truc. 331)*	Hörst du überhaupt zu?
quid (multīs) verbīs ŏpus est? *(And. 99/Quer. V,2)*	um es kurz zu machen: (wörtl.: Was braucht es viele Worte?)
(ego) dīcam tibī. *(Ad. 646/985)*	Ich werde/will es dir sagen.
ego expediam tibī. *(Amph. 912)*	Ich werde es dir erklären.
etiam porrō, sī vīs, dīcam. – nīl moror. *(Curc. 453)*	Ich kann noch weiterreden, wenn du willst. – Darauf lege ich keinen Wert.
tacitus citius audiēs. *(Eun. 571)*	Wenn du still bist, erfährst du es schneller.
nē mox errētis, iam nunc praedīcō prius: *(Men. 47)*	Ich sage es gleich vorweg, damit ihr euch nicht irrt:
fac mentiōnem cum avunculō! *(Aul. 685)*	Erwähne es beim Onkel!

Frage und Antwort

possum scīre...? *(Amph. 346)*	Darf ich wissen...?
ain (< ais-nĕ) tū? – sīc est. *(Ht. 242)*	Meinst du wirklich? – Ja.
ain + *AcI*? – aiō/nōn aiō. *(Most. 974ff.)*	Behauptest du, dass ...? – Ja/Nein.
ain vērō? – aiō enim vērō. *(Amph.344)*	Wirklich? – Allerdings!
negās? – negō enim vērō. *(Amph. 758f.)*	Wirklich nicht? – Wirklich nicht!
quid ais? – maximē. *(Eun. 334)*	Was meinst du (dazu)? – Absolut richtig.
quid ais? – quid vīs? *(As. 371)*	Sag mal ... – Was willst du?

Hier dient quid ais? *nur dazu, als Einleitung der eigentlichen Frage die Aufmerksamkeit des Gegenübers zu erlangen; ähnlich Trin. 930 (vgl. Hofm. S. 43).*

bonā fidē? *(Truc. 586)*	Ehrlich? Wirklich?
ádmŏdum. *(Ph. 315)*	Ja./Genau.
certō. *(Men. 1058)*	Ja sicher.
nōn! *(Ht. 1018)*	Nein!
immō aliud. *(And. 30)*	Nein, etwas anderes. *(nach vorheriger Vermutung des Gegenübers)*
tantumnĕ est? – tantum! *(Hec. 813)*	Ist das alles? – Ja!
quid ego ex tē audiō? *(Epid. 246)*	Was muss ich von dir hören?
quid eum? vīdistīne hodiē? *(Ad. 400)*	Was ist mit ihm? Hast du ihn heute schon gesehen?
quid vĕnis? quid quaeritās? *(As. 392)*	Wozu kommst du? Was suchst du?
nīl aliud dīcam? – etiam: ... *(Hec. 811)*	Soll ich nichts anderes sagen? – Doch: ...
nōstīn (< nōvistī-nĕ) ...? – quidnī nōverim? *(Ad. 573)*	Kennst du ...? – Natürlich kenne ich ihn/sie/es! *(wörtl:* Wieso sollte ich ihn/sie/es nicht kennen?)
nempe tū nōvistī ...? *(Mil. 922)*	Du kennst doch sicher ...?
quī scīs an eā causā, ut ...? *(Hec. 235)*	Wer weiß, ob nicht deswegen, damit ...?
nempe eā causā, ut ... *(Hec. 105)*	doch wohl deswegen, damit ...
quid rīdēs? – istuc quod dīxistī modo. *(Eun. 497)*	Worüber lachst du? – Über das, was du gerade gesagt hast.
nesciō? – immō, scīs! *(Ht. 1009f.)*	Ich weiß es nicht? – Doch, du weißt es!
quidnam esse hoc dīcam? *(Quer. IV,1; vgl. Merc. 128; Curc. 1)*	Ich wüsste gerne, was das ist. *(wörtl:* Was soll/werde ich sagen?)

Abmilderung einer ansonsten allzu direkten oder aufdringlichen Frage.

Dāvŏs sum, nōn Oedipūs! *(And. 194)*	Was weiß ich? Keine Ahnung!

Wörtlich: „Ich bin Davos, nicht Oedipus (der die Rätsel der Sphinx lösen konnte)." *Vergleichbar etwa mit szenesprachlich* „Bin ich Jesus?" *– Ob man den Namen* Davos *beibehält, den Ausdruck also als geflügeltes Wort benutzt, oder an seine Stelle den eigenen Namen setzt, ist Geschmackssache.*

Du weißt von nichts …

sciēs, modo ut tacēre possis! *(Ph. 58f.)*	Du wirst's erfahren, aber dass du schweigen kannst!
sī sapiēs, tacēbis. *(Rud. 1391)*	Sei still, wenn du klug bist!
tu nescīs id quod scīs! *(Ht. 748)*	Du weißt von nichts!
verbum ūnum cavē dē …! *(And. 300)*	Kein Wort über …!
sī mihi fidem das tē tacitūrum/am, dīcam. – fidem dō. *(Hec. 112ff.)*	Wenn du mir schwörst zu schweigen, sage ich es. – Ich schwöre.
mussitāre	verschweigen, schweigend hinnehmen
ego-nĕ haec mussitem? *(Truc. 312)*	Soll ich das etwa verschweigen?

Verstanden?

quod sciam *(Ad. 641)*	soviel ich weiß
tardus es. *(Ht. 776)*	Du bist langsam (im Begreifen).
audīn? (< audīs-nĕ?) *(And. 299)*	Hörst du?
audīstīn? (< audīvistī-nĕ?) *(Ad. 539)*	Hast du gehört? (*im Sinne von:* Ist das klar?)
intellēxtīn? (< intellēxistī-nĕ?) – probē. *(Eun. 768)*	Hast du verstanden? – Völlig.
tenēs?/tenēsnĕ? *(Lang.* teneō *3.)*	Verstehst du?
teneō. *(And. 300)*	Ich verstehe.
tenēs/habēs. *(Eun. 406/401)*	Du hast's erfasst. Genau.
rem tenēs. *(And. 349)*	Du hast's erfasst. Genau.
iuxtā mēcum rem tenēs. *(Aul. 682)*	Du weißt ebenso Bescheid wie ich.
tenēs quō sē haec tendant quae loquor. *(Pseud. 216f.)*	Du verstehst, worauf ich hinaus will.

Wahr oder falsch?

alqd. falsō dīcere *(Amph. 902)*	etw. falsch sagen
comminīscī, or, commentus sum *(Hec. 333)*	erfinden, erdichten
verba dare + *Dativ (Ht. 914)*	jd. anlügen
perperam *(Adv.) (Mil. 392)*	fälschlich, zu Unrecht
nōn est mentīrī meum. *(Ht. 549)*	Ich bin es nicht gewohnt zu lügen.
alqd. per iocum dīcere *(Amph. 920)*	etw. im Scherz sagen
nec iocō nec sēriō *(Amph. 906)*	weder im Scherz noch im Ernst; nicht einmal im Scherz
nōn commeminī dīcere. *(Curc. 710)* *Zum Wegfall des Subjektsakkusativs vgl. S. 40.*	Ich erinnere mich nicht, das gesagt zu haben.

So wahr ich lebe!

In der Antike gebrauchte man gerne Bekräftigungsformeln aus dem religiösen Bereich, etwa ĕdĕpōl (beim Pollux; *Ad. 289),* hercle *oder* mĕhercle (beim Herkules; *Ad. 268/Eun. 67; nur von Männern gebraucht) oder* ēcastor/mēcastor (beim Castor; *Merc. 691/Men. 734; nur von Frauen gebraucht; vgl. Hofm. S. 29f.).*

mihi crēde *(Ad. 101)*	glaub mir
ita vīvam *(Cic. fam. II,13,3)*	so wahr ich lebe
tam sciō *(+ AcI)* quam mē vīvere. *(Eun. 718)*	Ich weiß, so wahr ich lebe, dass ...
ut vērum tibi dīcam ... *(As. 843)*	um dir die Wahrheit zu sagen ...
nē dīcam dŏlō ... *(Ad. 375)*	um offen zu sein ...
nē quid mentiar *(Cas. 38)*	damit ich nicht lüge ...
sī est dīcendum magis apertē: *(Ad. 663f.)*	wenn man es noch offener/deutlicher sagen soll:

Der rote Faden

etiam in prīmō verbō *(Pers. 552)*	schon beim ersten Wort
(ē)narrāre ordine *(Ad. 351)*	der Reihe nach erzählen

omne in ordinem *(Poen. 590)*	alles der Reihe nach
quid aliud voluī dīcere? ehem: *(Eun. 504f.)*	Was wollte ich noch sagen? Ach ja:
post istūc veniam. *(Ht. 274)*	Darauf komme ich noch.
istūc ībam. *(Ad. 821)*	Darauf wollte ich gerade kommen.
paene oblītus fuī/sum dīcere: *(Poen.40/118)*	Fast hätte ich vergessen zu sagen:
illūc redeō unde abiī: *(Men. 56)*	Ich komme auf meinen Punkt zurück:
revertar ad ... *(Cas. 79)*	Ich komme zurück auf ...
ita ut occēpī dīcere: *(Rud. 1065)*	Was ich sagen wollte (bevor ich unterbrochen wurde):
peccāvī īnsciēns, voluī dīcere: *(Pseud. 843f.)*	Ich habe mich versehentlich versprochen, ich wollte sagen:
occupās praeloquī quae mea ōrātiō est. *(Rud. 248)*	Das wollte ich auch gerade sagen.
nē interpellā! *(Amph. 803)*	Unterbrich mich nicht!
mănē! *(Ad. 820)*	Warte mal! Mach' mal langsam!
dīxī. *(Ph. 437)*	Ich habe gesprochen. Das war's.
păx! *(Ht. 291)*	Fertig! Das war's!

Nicht zu verwechseln mit pāx = Frieden, *sondern „aus gr. πάξ [...] entlehnt." (Hofm. S. 24)*

Verstärken und Abschwächen

da **modo**! *(Asin. 457)*	Gib's mir **nur ruhig**!
ī **sānē** cum illō! *(Aul. 333)*	Geh **nur ruhig** mit ihm!
ēbrius **probē** *(Most. 342)*	**ordentlich** betrunken
plānē scīre *(Truc. 490)*	**ganz klar** wissen
incertum **ádmŏdum** est. *(Bacch. 501)*	Es ist **ganz und gar** ungewiss.
ut cum maximē *(Hec. 115)*	**ganz besonders**
multum loquāx/stultus *(Aul. 124/Mil. 443)*	**sehr** geschwätzig/dumm
stultior stultissimō *(Amph. 907)*	**dümmer als der dümmste Mensch**
insānum bene *(Most. 761)*	**wahnsinnig gut**

ádfătim divitiārum *(Men. 91/Mil. 980)*	reichlich/genug an Reichtum
vidē etiam atque etiam, ut ... *(Aul. 614)*	Pass nur ganz genau auf, dass ...
nōn nōvisse adeō volō. *(Men. 296)*	Ich will es überhaupt nicht wissen.
ubi ubi est *(Mil. 399)*	wo auch immer sie ist
quanta quanta haec mea paupertās est. *(Ph. 903)*	Wie groß auch immer meine Armut ist.
tantillum *(Truc. 537)*	so wenig
quantillus *(Poen.1167)*	wie klein
quantae ē quantillīs iam sunt factae! *(Poen.1167)*	Wie groß die Mädchen doch schon geworden sind!
paenissimē *(Aul. 668)*	um ein Haar; beinahe
praequam quod ... *(Amph. 634)*	im Vergleich zu dem, was ...
dumtaxat *(Truc. 445)*	wenigstens *(bei Zahlen)*
bis tantō *(Amph. 943)*	doppelt so viel
ad tria mīlia *(Trin. 152)*	etwa dreitausend

Befehlen, bitten und danken, geben und nehmen

Bitten und Aufforderungen

petere alqd. ab aliquō (dictīs bonīs) *(Amph. 24f.)*	jd. (mit freundlichen Worten) um etw. bitten
scīn (< scīs-nĕ), quid tē ōrō? – sciam, sī dīxeris. *(Pseud. 657)*	Weißt du, worum ich dich bitte? – Sag mir's, dann weiß ich's.
scīn, quid ego tē volēbam? – dīc! *(Eun. 338)*	Weißt du, was ich von dir wollte? – Sag's!
quaesō *(As. 418)*	(ich) bitte
†sīs *(sg.) (Amph. 585)* = sī vīs	bitte *(wörtl.:* wenn du willst)

Wie es scheint, ist sīs *„schon mit oder bald nach Cicero ausgestorben und durch* sī vīs *ersetzt worden" (Hofm. S. 133).*

†sultis *(pl.) (Men. 350)* = sī vultis	bitte *(wörtl.:* wenn ihr wollt)
†sōdēs (< sī audēs)	bitte
dīc sōdēs, pater … *(Ad. 643)*	Sag bitte, Vater …

Vgl. Hofm. S. 133f.: sōdēs *ist im ironischen Sinn (siehe S. 48) noch vereinzelt bei Cicero und Catull anzutreffen, häufiger und auch noch später in der Verbindung* dīc sōdēs *(vgl. S. 40). Das Wort findet sich dann wieder mehrfach als archaistisches Element in dem spätantiken* Querolus, *dort allerdings missverstanden oder umgedeutet zu einem Vokativ von* sodālis: quaesō, sōdēs, … *oder* mī sōdēs *(beide II,2).*

sī placet *(Afr. com. 355)*	bitte

Vgl. Hofm. S. 134: Offenbar hat sī placet *die älteren Formen* sīs *und* sōdēs *allmählich verdrängt, zunächst wohl noch mit dem Personalpronomen des Angeredeten im Dativ (Capt. 1034:* sī vōbīs placet), *dann absolut zum ersten Mal belegt bei Afranius (geb. ca. 150 v. Chr.). Vgl. franz.* s'il vous plaît.

sī libet *(Curc. 145)*	wenn du magst
quīn, amābō, īs intrō? *(Men. 382)*	Warum, bitte, gehst du nicht hinein?
da modo meō periculō! *(Asin. 457)*	Gib's mir nur auf meine Verantwortung!
nisī nōn vīs *(Men. 787)*	wenn du nichts dagegen hast
pāce quod fiat tuā *(Eun. 466)*	mit deiner gütigen Erlaubnis
obsecrō	ich flehe dich an
nunc per amicitiam et per amōrem tē obsecrō! *(Ad. 155; And. 326)*	Ich flehe dich jetzt bei unserer Liebe und Freundschaft an!
per tuam fidem tē obtestor! *(And. 290f.)*	Ich flehe dich bei deiner Treue an!
sine tē exōrem! *(Ht.1050)*	Lass dich erweichen!
da veniam! *(And. 901)*	Gib die Erlaubnis!
gere mōrem mihī! *(Most. 577)*	Tu mir einen Gefallen!
vidē, quod ŏpust (< ŏpus est) fiat! *(Men. 352)*	Schau, dass passiert, was nötig ist!
fer/ferte auxilium (mihi)! *(Ad. 155)*	Hilf/helft (mir)!
dum *(nach Imperativ)*	doch
dīc dum hoc rursum. *(Eun. 707)*	Sag das doch noch einmal!
em servā! *(Ad. 172)*	He, pass auf!
respice ad mē! *(Truc. 257)*	Schau mich an!
dēsinās. *(Eun. 884)*	Du sollst aufhören! Hör auf!
age rursum! *(Aul. 649)*	Tu's noch einmal!
nunc hanc rem gere! *(Men. 825)*	Jetzt bleib mal bei der Sache!
facitō ut memineris! *(Curc. 210)*	Denk bitte unbedingt daran!

sine modo! *(Ph. 420)*	Lass nur! Wart' mal ab!
cĕdō! *(Ad. 123)*/†cĕttĕ! *(Naev. trag. 47)*	Gib her/Gebt her!

Vgl. Hofm. S. 33: Im Unterschied zu cĕdō *ist* cĕttĕ *auf das Altlateinische beschränkt.*

cĕdō bĭbam! *(Truc. 367)*	Gib mir zu trinken!
căpĕ! *(Ph. 152)*/accipĕ! *(Ph. 52)*	Da nimm! Bitte schön!
căpĕ tibi hoc! *(Men. 202)*	Nimm dir das!
sustinē hoc! *(Men. 196)*	Halte das mal!
quid quod tē ōrō? *(Ad. 253)*	Was ist mit meiner Bitte?
vultisnĕ eāmus vīsere? *(Ph. 102)*	Sollen wir gehen um nachzuschauen? (*wörtl.:* Wollt ihr, dass wir gehen …?)
velīs nōlīs *(Quer. I,2)*	ob du willst oder nicht

Eigentlich höfliche Bitten werden bisweilen ironisch „im Sinne einer verstärkten Aufforderung, Drohung und Abwehr" (Hofm. S. 7) gebraucht, etwa wie das deutsche „Tu das gefälligst!":

tacē sōdēs! *(Ht. 580)*	Sei gefälligst still!
redde hūc sīs! – quid tibi vīs reddam? *(Aul. 634)*	Gib's gefälligst (wieder) her! – Was soll ich dir wiedergeben?
iam iam sat, amābō, est. *(Mil. 1084)*	Jetzt reicht es aber, bitte!

Verneinte Befehle werden im „klassischen" Latein entweder mit dem Imperativ von nōlle (nicht wollen) *oder dem Konjunktiv Perfekt (sogenannter „Prohibitiv") des betreffenden Verbs gebildet. Die nicht umschriebene Form, also* nē *mit Imperativ, gilt als „unklassisch", ist aber in der Komödie häufig (ca. 80 Mal), und kommt auch noch bei Vergil, Horaz, Properz, Ovid, Livius und Seneca vor (Kühner II,2, S. 202 f.):*

nōlī/nōlīte timēre! *(Lk. 2,10)*	Fürchte/Fürchtet euch nicht!
tu nē quaesi(v)eris! *(Hor. c. I,11,1)*	Du sollst nicht suchen/fragen!
nē timē *(Ad. 279)*/nē lacrimā! *(Ht. 84; ebenso u. a. Ht. 85/89; Ad. 802)*	Fürchte Dich nicht!/Weine nicht!

Einverstanden!

licet. *(Rud. 1212 ff.)*	In Ordnung! Ok!
fiat. *(Ht. 1067)*	Einverstanden!
impetrās. *(Cas. 214)*	In Ordnung! (*wörtl.:* Du erlangst es. *Im Sinne von:* Ich tue, worum du bittest.)

nōn moror. *(Ph. 718)*	Sofort! *(als Antwort auf eine Bitte)*
sēdulō faciam. *(Ad. 251 f.)*	Ich werde mich eifrig darum kümmern.
labāscit. *(Ad. 239)*	Er/Sie gibt nach/wird schwach.
faciam ita ut vīs. *(Amph. 541)*	Ich tue, was du willst.
nōn necesse habeō omnia prō meō iūre agere. *(Ad. 51 f.)*	Ich habe es nicht nötig, in allem meinen Willen durchzusetzen.
neque vetō neque iubeō. *(Curc. 145)*	Du kannst es tun oder auch lassen. (*wörtl.:* Ich verbiete und ich befehle es nicht.)
mē libente fēceris. *(Men. 272)*	Mir soll's recht sein, was du tust.
mihi commoditātem creās. *(Poen. 916)*	Du tust mir einen Gefallen.

Danke!

grātiam tibi habeō + *AcI (Ph. 54)*	Ich danke dir dafür, dass ...
grātiās tibi/vōbīs agō! *(Ad. 596)*	Ich danke dir/euch!
grātiās!	Danke!

Aufgrund der Wortbedeutung von habēre *einerseits und* agere *andererseits dürfte es sich bei Ersterem mehr um ein Gefühl, bei Letzterem um ein aktives „Abstatten" von Dank in Wort oder Tat handeln. – Ein einfaches* grātiās! *ist meines Wissens nicht belegt, aber „heute bei sprechenden Lateinern üblich" (Stroh, Hilfen, Nr. 25; Stroh missfällt die Wendung allerdings als „unlateinisch"); am nächsten dürfte noch das bei Fritsch (S. 133) zitierte* grātiās tibi! *(Aug. conf. I,31,20) kommen. Immerhin lassen das italienische* Grazie! *und das spanische* Graçias! *vermuten, dass es in der Volkssprache verbreitet war; vgl. auch am Ende der katholischen Messe:* Ite, missa est. – Deō grātiās!

perbenīgnē! *(Ad. 702)*	Zu gütig! *(auch ironisch)*
meritō tē amō. *(Ad. 946)*	Zu Recht liebe ich dich. *(als Ausdruck von Dankbarkeit)*
meritō tē semper maximī fēcī. *(And. 574)*	Zu Recht habe ich dich immer sehr geschätzt.
laudāris ac diligeris meritō tuō. *(Quer. II,3)*	Du wirst zu Recht gelobt und geliebt.
lepidē hercle adiūvās. *(Pers. 466)*	Du bist eine große Hilfe.

Meinung, Meinungsverschiedenheit, Streit

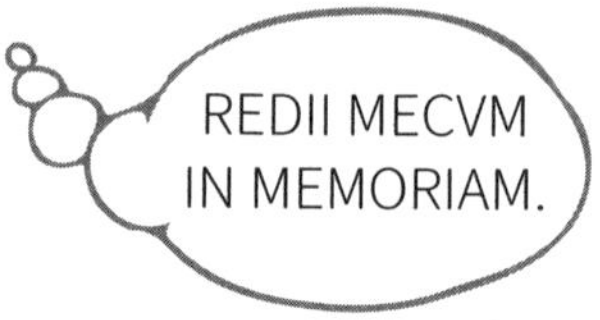

Glauben und Wissen

arbitrārī *(Ad. 459)*	glauben, meinen
opīnārī *(Pseud. 956)*	vermuten
hariolārī *(Ad. 202)*	vorhersagen, vermuten
cēnsēre *(Pseud. 956)*	glauben, meinen
cēnseō. *(Eun. 217)*	Das glaube ich auch.
crēdō. *(Mil. 1283)*	Das glaube ich auch.
errat longē. *(Ad. 65)*	Er/Sie irrt bei Weitem.
meā quidem sententiā *(Ad. 65)*	jedenfalls nach meiner Meinung
mihi sīc vidētur. *(Ad. 133)*	Mir scheint es so.
faciam vōs certiōrēs. *(Stich. 675)*	Ich lasse es euch wissen.
certior fierī *(Pseud. 3)*	erfahren
nōn clam mē est *+ AcI (Hec. 577)*	Es ist mir nicht verborgen, dass …
id mē nōn latet. *(Stylpho 135)*	Das ist mir nicht verborgen.
rediī mēcum in memoriam. *(Ph. 802)*	Ich habe nochmal darüber nachgedacht (wie es war).

Streiten und Spotten

iurgāre *(Ad. 80)*	streiten
obiectāre *alqd. alicui (Most. 16)*	jd. etw. vorwerfen
opprobrāre *alqd. alicui (Truc. 280)*	jd. etw. vorwerfen
convīcium *(Ad. 180)*	Streit
discidium *(Hec. 476)*	Zerwürfnis, Streit
īrae sunt inter eōs. *(And. 552)*	Es gibt Streit zwischen ihnen.
līs, lītis, *f.*	Streit, Rechtsstreit, Prozess
lītēs factae sunt inter eōs maximae. *(Eun. 734)*	Es hat einen Riesenstreit zwischen ihnen gegeben.
turba inter eōs est. *(vgl. Eun. 726)*	Es gibt Streit zwischen ihnen.

potius quam lītīs sequar ... *(Ad. 248)*	bevor ich einen Prozess führe ...
turbam facere *(Eun. 616)*	Ärger machen
suum iūs postulat. *(Ad. 201)*	Er verlangt sein gutes Recht.
vim facere + *Dat. (Eun. 616)*	jd. Gewalt antun
alqm. lūdibriō habēre *(Men. 396)*	mit jd. seinen Spott treiben
lūdis fortasse mē? *(Ht. 824)*	Verspottest du mich etwa?
ulcīscī, or, ultus sum (alqm. prō aliquā rē)	sich (an jd. für etw.) rächen
tē prō istīs dictīs et factīs ulcīscar. *(Eun. 942)*	Ich werde mich an dir für deine Worte und Taten rächen.

Das glaube ich (nicht)!

tēcum sentiō. *(Pseud. 958)*	Ich bin deiner Meinung.
abs tē seorsum sentiō. *(Capt. 710)*	Ich bin anderer Meinung als du.
hic hinc ā mē sentit. *(Rud. 1100)*	Der hier ist auf meiner Seite.
haec male iūdicās. *(Ad. 100)*	Das beurteilst du falsch.
frūstrā es. *(Bacch. 840)*	Du täuschst dich.
lóquĕris nunc nūgās sciēns. *(Bacch. 569)*	Du redest jetzt wissentlich Unsinn.
haec frātrī mēcum nōn conveniunt. *(Ad. 59)*	Darin stimmt mein Bruder nicht mit mir überein.
nōn tuō hoc fiet modō. *(Men. 250)*	Das geht hier nicht nach deinem Kopf.
nē istŭc in animum indūcās tuum! *(Ht. 1028)*	Rede dir das nicht ein!
tū sī hīc sīs, aliter sentiās. *(And. 310)*	Wenn du an meiner Stelle wärest, würdest du das anders sehen.
sī ego in istōc sim locō ... *(Bacch. 1039)*	Wenn ich an deiner Stelle wäre ...
tuō ex ingeniō mōrēs aliēnōs probās. *(Pers. 212)*	Du schließt von dir auf andere.
dīxīn (< dīxī-nĕ) hoc fore? *(Ad. 83)*	Hab' ich's nicht gesagt?
modone id dēmum sēnsistī? *(And. 882)*	Hast du das jetzt erst gemerkt?

Was soll das?

quid vīs tibī? *(Ht. 61)*	Was willst du denn eigentlich? *(wörtl.:* Was willst du für dich?)
quid haec rēs vult sibī? *(vgl. Ht. 615)*	Was soll denn das?
quid est negōt(i)ī? *(Most. 741)*	Was ist los?

Zur kontrahierten Form negōtī *vgl. RH § 30, Anm. 3.*

quid hoc reī est? *(Ad. 175)*	Was soll das?
quid tibi reī mēcum est? *(Ad. 177)*	Was habe ich mit dir zu schaffen?
quōrsum istuc? *(Ad. 100; vgl. Eun. 155)*	Worauf willst du hinaus?
quō argumentō? *(Mil. 1001)*	Was soll das heißen?
num quid est etiam amplius? – vērō amplius! *(Ad. 468f.; dort „***an** quid …")	Gibt es etwa noch mehr? – Allerdings!
quid tum posteā? *(Eun. 793)*	Na und?
(-nĕ) … autem?	… etwa, vielleicht?

Mit autem *können rhetorische (oft erstaunte oder empörte) Gegenfragen zu Fragen, Aufforderungen oder Aussagen des Gegenübers gekennzeichnet werden (vgl. Hofm. S. 3f.):*

dēbacchātus es. – egonĕ dēbacchātus sum autem an tū in mē? *(Ad. 184f.)*	Du hast getobt. – Habe ich etwa getobt oder nicht vielleicht du gegen mich?
hanc tē aequom est dūcere. – mē dūcere autem? *(Ad. 933f.)*	Es gehört sich, dass du sie heiratest. – Dass **ich** heirate?

Jetzt reicht es!

animum tuum temptāvī. *(Aul. 827)*	Ich habe dich auf die Probe gestellt.
conturbāstī mihi ratiōnēs omnēs. *(Eun. 868f.)*	Du hast all meine Pläne durcheinander gebracht.
quid tibi hūc ventiō est? *(Truc. 622)*	Was fällt dir ein, hierher zu kommen?
libitum est. *(Truc. 605)*	Weil es mir so passt.
istuc vōlō ergō ipsum experīrī! *(Ad. 172)*	Das wollen wir doch mal sehen! *(wörtl.: Das will ich doch mal ausprobieren!)*

iamne ut solēs? *(Bacch. 203)*	Machst du's schon wieder so wie immer?
satis diū dedistī verba. *(Ad. 621)*	Du hast lange genug (leere) Versprechungen gemacht.
haud sīc auferent. *(Ad. 454)*	Damit kommen sie nicht so einfach davon.
etiam hoc restat! *(Ad. 190)*	Das fehlt gerade noch! So weit kommt's noch!
apage (ā mē)! *(Most. 697/Bacch. 73)*	Hör mir auf! Weg damit!
quaesō hercle abstinē iam sermōnem dē istīs rēbus! *(Most. 897f.)*	Ich bitte dich, hör' jetzt auf davon zu reden!
potin (< potis-ně) ut dēsinās? *(Ad. 539)*	Kannst du mal aufhören?
iam, iam dēsinō. *(Ad. 853)*	Ich hör' ja schon auf.
pergisne etiam? *(Curc. 196)*	Hörst du endlich auf?
molestus nē sīs! *(Men. 250)*	Sei mir nicht lästig!
mihi odiōsus nē sīs! *(Men. 502)*	Geh mir nicht auf die Nerven!
ēnicās. *(Cas. 233)*	Du tötest mir den letzten Nerv.
mēcum rem habē! *(Most. 653)*	Setz dich mit **mir** auseinander!
mitte ista atque ad rem redī! *(Ad. 185)*	Lass das und komm jetzt (wieder) zur Sache!
missum facere alqm. *(Amph. 1145)*	jd. wegschicken
missum tē facimus. *(Ph. 946)*	Wir lassen dich in Ruhe.
nōs missōs fac(e)! *(And. 833)*	Lass **uns** aus dem Spiel!
mitte mē! *(Ad. 780)*	Lass mich los!
sine mē! *(Ad. 321)*	Lass mich (gehen)!
nē mē atti(n)gās! *(And. 789)*	Rühr mich nicht an!
nōn manum abstinēs? *(Ad. 781)*	Nimmst du nicht gleich die Hand da weg?
mē spectā modo! *(As. 145)*	Verlass dich drauf! *(hier als Drohung)*
nōn ego nunc nūgās agō! *(Aul. 638)*	Ich mache jetzt keine Scherze!
accēde hūc modo, adī modo hūc! *(Truc. 620)*	Komm nur her, los, komm nur! *(drohend)*
verberāre *(Ad. 213)*	verprügeln

vāpulāre *(Ad. 213)*	Prügel bekommen
vāpulābis nisi cavēs. *(Kombination aus Ad. 213 und 173)*	Wenn du nicht aufpasst, kriegst du Prügel.
fugin (< fugis-nĕ) hinc? *(And. 337)*	Haust du endlich ab?
aufer tē hinc! *(Ph. 559)*	Geh weg! Hau ab!
abīn (< abīs-nĕ) hinc an nōn? *(Aul. 660)*	Haust du jetzt ab oder nicht?
cavē sīs tē videam! *(Aul. 660)*	Lass dich gefälligst nicht mehr blicken!

Schimpfen

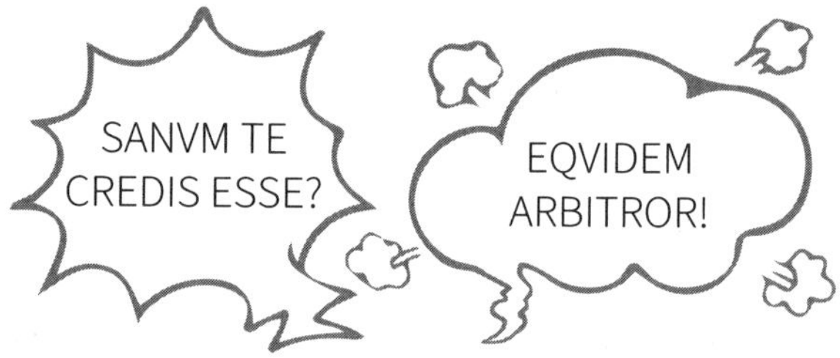

Im Gegensatz zu anderen Bereichen der lateinischen Alltags- und Umgangssprache wurde dem Thema Schimpfen und Beleidigung in den letzten Jahren große Aufmerksamkeit zuteil, so etwa in den Veröffentlichungen von Fink, Pausch und Weeber. Die Tatsache, dass „die ‚edle', vornehme Wissenschaftssprache Latein solche ‚Abgründe' kennt" (Weeber, S. 7), scheint eine große Faszination auszuüben. Andererseits dürfte sich der Bedarf von Anhängern der Latinitas viva, *sich bei ihren Zusammenkünften gegenseitig derb und obszön zu beleidigen, vermutlich in Grenzen halten. Im Folgenden daher nur eine kleine Auswahl:*

ō facinus indīgnum! *(Ad. 173)*	Was für eine Gemeinheit!
ineptīs! (< ineptīre) *(Ad. 934)*	Du spinnst!
(nimium) ineptus es! *(Ad. 63)*	Du spinnst (völlig)!
satin (< satis-nĕ) sānus es? *(Ad. 937)*	Bist du noch ganz bei Verstand?
sānun (< sānus-nĕ) es? *(And. 912)*	Bist du noch bei Verstand?
sānum tē crēdis esse? – equidem arbitror! *(Ad. 748)*	Bist du noch bei Verstand? – Das glaube ich schon!
nūgae sunt eae. *(Men. 86)*	Das ist dummes Zeug.
adigis mē ad īnsāniam. *(Ad. 111)*	Du treibst mich in den Wahnsinn.
īnsānīre	verrückt sein
id vīsō tūne an illī īnsāniant. *(And. 535)*	Ich will nur mal sehen, ob du verrückt bist oder die anderen.

malum	verdammt, zum Teufel
quī, malum, aliī? *(Eun. 780)*	Welche anderen denn, verdammt nochmal?
quid id est hominis? *(Poen. 92)*	Was ist das für ein Mensch?

Schimpfwörter

homō nihilī/nequam *(Mil. 285)*	nichtsnutziger Mensch
carnufex/carnifex, icis, *m. (Most. 1114)*	Schurke *(eigentlich:* Henker)
sacrilegus/a *(Ad. 265; Eun. 829)*	Frevler/in
homō impūr(issim)us *(Ad. 183/281)*	(dreckiger) Dreckskerl/Drecksack
(homō) stercóreus *(Mil. 90)*	Mistkerl
sterculīnum *(Ph. 526)*	Mistkerl *(wörtl.:* Misthaufen)
prōpudium *(Bacch. 579)*	Schandkerl
scelus! *(Rud. 993)*	Du Verbrecher!
scelestus/a	Verbrecher/in

(Eun. 668; dort im Vokativ sceleste; scelesta *Eun. 817; als Adjektiv im Sinne von* unangenehm, unsympathisch *Rud. 895:* uxor scelesta)

bēlua *(Eun. 704; Trin. 952)*	Rindvieh *(für Männer und Frauen)*
stultíloquus *(Pers. 514)*	Dummschwätzer
venēfĭca *(Eun. 825)*	Giftmischerin, Hexe
venēfĭcus *(Pers. 278)*	Giftmischer, Verbrecher

Klage, Trauer und Schmerz

maestus *(Ht. 122)*	traurig
tristis, ě *(Ht.620; Ad. 82f.)*	ärgerlich, ernst
alacer, cris, crě (*Eun. 304; dort zweiendig:* alacris, ě)	aufgeregt, aufgebracht

aerumna *(Pers. 2)*	Mühsal, Kummer, Leid
nōn sum apud mē. *(Ph. 204)*	Ich bin nicht ganz bei mir.
prae īracundiā nōn sum apud mē. *(Ht. 920f.)*	Vor Zorn bin ich außer mir.
odiō mihi est. *(Poen. 51)*	Etw./Jd. ist mir verhasst/zuwider.
dūrāre nequeō in aedibus. *(Amph. 882)*	Ich halte es im Haus nicht länger aus.
nequeō quīn fleam, cum abs tē abeam. *(Mil. 1342f.)*	Ich muss weinen, wenn ich von dir gehe.
vae miserō/ae mihī! *(Ad. 301)*	O weh, ich Unglückliche/r!
mē miserum/am! *(Ad. 310)*	Ich Unglückliche/r!
ei mihī! *(Ad. 323)*	O weh!
id miserō restat mihī. *(Ad. 357)*	Das fehlt mir Unglücklichem noch.
id illī nunc dolet. *(Ad. 451)*	Das schmerzt ihn jetzt.
id ego excrucior. *(Epid. 192)*	Das quält mich.
Menedēmī mē miseret. *(Ht. 749f.)*	Ich habe Mitleid mit Menedemus.
miseritum est. *(Ph. 501)*	Das ist schlimm/bedauerlich.
male factum! *(Ph. 751)*	Das ist schade! Das tut mir leid!
hoc male habet virum. *(And. 436)*	Das ärgert den Mann.
aegrē patī, ior, passus sum *(Ad. 143)*	schwer daran tragen
dolōre ac miseriā tabēscit. *(Ad. 602f.)*	Er/Sie vergeht vor Schmerz und Unglück.
nē tē adflictēs! *(Eun.76)*	Quäle dich nicht!

Freude und Zufriedenheit

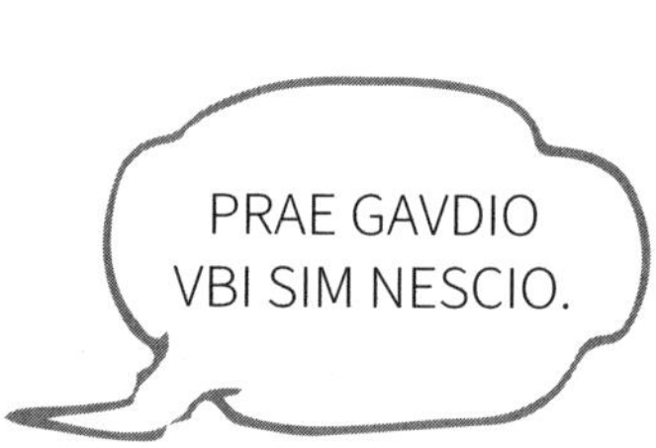

laetus dē *(Ad. 252f.)*	froh über
sē oblectāre (in) *(Ad. 49)*	sich vergnügen, sich erfreuen (an)
dīc mī, ubi tē oblectāsti tam diū. *(Hec. 84)*	Wo hast du dich denn so lange rumgetrieben? *(scherzhaft)*
animum suum explēre *(And. 188)*	es sich gut gehen lassen

animō obsequī *(Ad. 33)*	es sich gut gehen lassen
sē bene habēre *(Aul. 372)*	es sich gut gehen lassen
sē cūrāre *(Poen. 1422)*	es sich gut gehen lassen
sibi bene facere *(As. 945)*	sich etwas Gutes tun
facite vestrō animō volup! *(Cas. 784)*	Viel Spaß! Amüsiert euch!
animum suum confirmāre *(Aul. 371)*	sich erholen
euge/eugē/eugae! *(And. 345)*	Herrlich! Großartig!
< griech. εὖ γε; *zu Schreibweise und Quantität vgl. Georges.*	
lacrimō gaudiō. *(Ad. 409)*	Ich weine vor Glück.
ō lepidum diem! *(Aul. 704)*	Was für ein herrlicher Tag!
nōn molestē ferō *+ AcI (Cic. fam. XIII,5,1)*	Ich habe nichts dagegen, dass …
bonō animō fac sīs! *(Ad. 511)*	Sei guten Mutes!
habē animum bonum! *(Mil. 1357)*	Sei guten Mutes!
prae gaudiō ubi sim nesciō. *(Ht. 308)*	Vor Freude bin ich außer mir. (*wörtl.:* … weiß ich nicht, wo ich bin.)
animō ōtiōsō esse *(And. 842)*	beruhigt sein
ōtiōsē! *(Ad. 156)*	Ganz ruhig!

Glück und Unglück, Erfolg und Misserfolg

sī in rem est Bacchidis *(Hec. 102)*	wenn es Bacchis nützt
id faciās quod in rem sit tuam. *(Hec. 391)*	Du sollst das tun, was zu deinem Vorteil ist.
ex tuā rē (nōn) est … *(Pseud. 336/338)*	Es nützt dir (nicht) …
ex rē tuā fēceris. *(Men. 661)*	Es wird in deinem eigenen Interesse sein, dies zu tun.
tuā rē fēceris. *(Capt. 296)*	Es wird in deinem Interesse sein, dies zu tun.
tuae reī causā faciō. *(Aul. 121 f.)*	Ich handle in deinem Interesse.

haud ab rē tibi istuc factum est. *(vgl. Truc. 521)*	Das ist nicht zu deinem Nachteil geschehen.
ūsuī est alicui. *(Pseud. 1129)*	Es ist von Nutzen für jd.
ubi ūsus veniat *(Mil. 3)*	sobald der Fall (die Notwendigkeit) eintritt
ē rē nātā *(Ad. 295)*	nach Lage der Dinge *(wörtl. etwa:* so, wie die Sache entstanden ist)
hōc pāctō *(Aul. 51)*	unter diesen Umständen
nōn temerē est quod ... *(Aul. 624)*	Es ist kein Zufall, dass ...
quasi dēditā operā *(Eun. 841)*	ausgerechnet; als hätte es jemand darauf angelegt
postrēmō adeō rēs rediit: *(Ht. 113)*	Schließlich kam es so weit:
adeō rēs rediit! *(Ph. 55)*	So weit ist es gekommen! *(empört)*
melius fierī nōn potuit quam factum est. *(Ad. 295)*	Es konnte nicht besser laufen.
bene rēs geritur. *(Men. 417)*	Die Sache läuft gut.
salva rēs est. *(Aul. 207)*	Die Sache ist gerettet.
ēvēnit ex sententiā. *(Ht. 765)*	Das ging ganz nach Wunsch.
praeter spem ēvēnit. *(And. 436)*	Das kam anders als erwartet.
ut modo (istaec) fiant! – fient: mē vidē! *(Ph. 711)*	Hoffentlich klappt das auch! – Das klappt: Verlass dich auf mich!
Deus bene vertat quod agās! *(vgl. Ph. 552; dort* dī bene vortant ...)	Gottes Segen für das, was du tust!
vēra istaec velim. *(Amph. 834)*	Ich wollte, es wäre so!
sī adeō *(And. 440)*	wenn überhaupt
sī paullulum modo quid tē fūgerit ... *(Ht. 316)*	wenn dir auch nur eine Kleinigkeit misslingt ...
alqd. in mundō est mihī. *(Pseud. 500)*	Etw. steht mir bevor, droht mir.
aliud ex aliō malum! *(Eun. 987)*	Ein Unglück kommt selten allein!
haereō. *(Capt. 532)*	Ich sitze in der Klemme.
nīl est. *(Ad. 233)*	Das ist/wird nichts.
peiōre locō rēs nōn esse potest, quam in quō nunc sita est. *(Ad. 344)*	Die Lage könnte nicht schlimmer sein, als sie jetzt ist.
ego homō sum infēlix. *(Ad. 540)*	Ich bin ein Unglücksmensch.

(dē mē) āctum est. *(Eun. 54)*	Es ist aus (mit mir).
īlicet. (< īre licet) *(Eun. 54)*	Es ist aus.

Durch Vermischung mit īlicō *auch* sofort, sogleich *(so Truc. 592); vgl. Stowasser.*

periī. *(Ad. 637)*	Ich bin verloren. Mit mir ist's aus.
nūllus/a sum. *(Hec. 319/521)*	Mit mir ist's aus.
ad restim rēs rediit mihī. *(Ph. 686)*	Ich kann mir einen Strick nehmen.

Gutes und schlechtes Handeln, Entscheidungen

Ich tue meine Pflicht

suō officiō fungī, or, functus sum *(Ad. 603)*	seine Pflicht erfüllen
suum officium facere *(Ad. 69/593)*	seine Pflicht tun

Im „klassischen" Latein ausdrücklich verboten (vgl. etwa Meissner S. 135), aber allein in den Adelphen zweimal belegt; vgl. auch Trin. 1: ut mūnus *(nicht:* mūnere) fungāris tuum.

amīcō operam dare *(Merc. 288)*	sich für den Freund einsetzen
dabitur opera. *(Trin. 390)*	Ich werde mir Mühe geben.
bonam operam tibi dō. *(Pers. 721)*	Ich meine es gut mit dir.
auxilium ferre *(Amph. 877)*	Hilfe bringen
vītae auxilium ferre *+ Dativ (And. 142)*	jd. das Leben retten
stāre cum *(Ph. 269)*	jd. unterstützen, jd. beistehen
consōlārī *(Mil. 5)*	trösten
suā sponte rēctē facere *(Ad. 75)*	von sich aus das Richtige tun
suā voluntāte facere *(Ph. 785)*	freiwillig tun
vĕnit ipse ultrō. *(Ad. 472)*	Er kommt von sich aus/freiwillig.
ex animō facit. *(Ad. 72)*	Er tut es von Herzen.
dē industriā *(Aul. 420)*	mit Absicht *(vgl. süddeutsch:* mit Fleiß)
sē nōn respicere *(Ht. 70)*	auf sich selbst keine Rücksicht nehmen
in tē sōlō situm est. *(And. 276)*	Es kommt nur auf dich an; es liegt nur an dir.

ego vīderō. *(Ad. 538)*	Ich kümmere mich schon darum. Ich finde schon eine Lösung.
ego istuc cavēbō! *(Men. 265)*	Da pass ich schon auf!
aliud cūrā! *(Ph. 235)*	Mach dir mal keine Gedanken! (*im Sinne von:* Das hab' ich schon im Griff; *wörtl:* Kümmere dich um etwas anderes!)
nōn dēmūtābō. *(Pseud. 555)*	Ich halte mein Wort.
abs tē esset ... *(vgl. Men. 1022)*	wärest du nicht gewesen ...
id tē ōrō ut ante eāmus. *(And. 556)*	Lass uns bitte dieser Sache zuvorkommen.
praevertere (pietātem amōrī) *(Pseud. 293)*	den Vorzug geben (der Pflicht vor der Liebe)
eī reī prīmum praevertī volō. *(Capt. 460)*	Um diese Sache will ich mich vorrangig kümmern.
commūnicābō tē mensā meā. *(Mil. 51)*	Ich werde meinen Tisch mit dir teilen.
vītam parcē ac dūriter agere *(And. 74; vgl. Ad. 45)*	sparsam und ärmlich (hart) leben
parcē victitāre *(Truc. 347)*	sparsam leben
in viam redīre *(And. 190)*	auf den rechten Weg zurückfinden
sānam mentem sūmere *(Men. 802)*	Vernunft annehmen
mē reprehendī, nē quid dīcerem. *(Ad. 623f.)*	Ich habe mich zurückgehalten, etwas zu sagen.
vix mē contineō (quīn ...). *(Eun. 859)*	Ich kann mich kaum zurückhalten (etw. zu tun).
eā lēge hoc adeō faciam, sī ... *(Ht. 1054)*	Ich tue dies nur unter der Bedingung, dass ...
mūtuum fit. *(Mil. 1253)*	Das beruht auf Gegenseitigkeit.
ego tē et tū mē ferēs. *(Hec. 610)*	Wir werden einander ertragen.
hōc pater ac dominus interest. *(Ad. 76)*	Darin unterscheidet sich der Vater vom Haustyrannen.

Gute und schlechte Eigenschaften

probus *(Curc. 469)*	rechtschaffen, ehrlich
improbus *(Curc. 469)*	unredlich
īgnāvus *(Pseud. 132)*	untätig, faul; feige
lepidus *(Bacch. 1169)*	freundlich; charmant; hübsch; nett
truculentus *(Truc. 265)*	grob, unhöflich
(in)amābilis *(Bacch. 615)*	(un)sympathisch, (nicht) liebenswert
acceptus *(Pers. 648)*	beliebt
cōmis, e *(Trin. 255)*	freundlich, zuvorkommend
prōdigus *(Poen. 716)*	verschwenderisch
mūníficus *(Georges)*	großzügig, freigebig
largus *+ Abl. (As. 598)*	freigebig mit etwas
fastīdiōsus *(Mil. 1233)*	wählerisch, heikel
stultus/stolidus/fătuus *(Bacch. 1088)*	dumm
praeter aetātem stultus es. *(Epid. 106)*	Du bist dumm für dein Alter.
tam placidus quam ŏvis *(Ad. 534)*	so sanft wie ein Lamm

Was soll ich tun?

haereō quid faciam. *(Eun. 848f.)*	Ich zögere, was ich tun soll.
quid nunc capiam cōnsiliī? *(Eun. 867)*	Welchen Entschluss soll ich jetzt fassen?
incertus sum, quid agam. *(Ad. 610; dort:* nec ... certus)	Ich bin unsicher, was ich tun soll.
quid mē fiet nunciam? *(Most. 1166)*	Was wird jetzt aus mir?
quid mē faciam? *(Ad. 611)*	Was soll ich bloß tun?

Ähnlich Ht. 188 quid sē faciat. *Der Ablativ des Personalpronomens* mē/sē *dürfte wohl am ehesten als Ablativ der Beziehung* (Ablātīvus līmitātiōnis/respectūs; *vgl. RH § 152) zu erklären sein:* Was soll ich in Bezug auf mich tun? *Ähnlich Poen. 1085:* sī quid **mē** sit *(vgl. S. 76).*

nīlne in mentem est? *(Ad. 528)*	Fällt dir nichts ein?

Eigentlich würde man bei esse *den Ablativ* in mente *erwarten. Der Ausdruck findet sich ähnlich z. B. Amph. 180/666/710. Er erklärt sich so, dass ein Verb der Bewegung (z. B.* īre*) durch* esse *verdrängt worden ist (Hofm. S. 166).*

quid istīc (*erg.:* faciās)? *(And. 572)*	Was soll man da machen? *(im Sinne von:* Dann gebe ich eben nach.)
cōgitō ...	Ich frage mich ... *(wörtl: Ich denke nach ...)*
..., quid agam. *(And. 358)*	..., was ich tun soll.
..., ubī illum inveniam. *(Ad. 569)*	..., wo ich ihn finden kann.
ut quid agam, quam prīmum sciam. *(Ad. 516)*	damit ich so bald wie möglich weiß, was ich tun soll.
cum perīc(u)lum faciēs *(Mil. 635)*	wenn du den Versuch machst
quidnī faciat? *(vgl. Ad. 662)*	Warum sollte er/sie das nicht tun?
quippinī? *(Truc. 205)*	Warum denn nicht?
nihil mīrum, sī ... *(Truc. 305)*	kein Wunder, wenn ...
quī scīs an (ea) faciat? *(Eun. 790)*	Wer weiß, ob er/sie es nicht vielleicht doch tut?
†oppidō *(Adv.)* invītus *(Ht. 734)*	sehr ungern

Das Wort oppidō *war „zu Quintilians Zeit veraltet" (Georges); es ist nicht verwandt mit* oppidum = Stadt.

Das ist (nicht) der Plan

sēcum ratiōnēs putāre *(Ad. 208)*	bei sich Überlegungen anstellen
animum flectere possum. *(Hec. 608)*	Ich kann mich anpassen.
alqd. ex animō dēlēre *(Eun. 296)*	sich etw. aus dem Kopf schlagen
forīs sapere *(Ht. 923)*	in fremden Dingen klug sein (aber nicht in den eigenen)
domō doctus/a dīcō. *(Poen. 216)*	Ich spreche aus eigener Erfahrung.
quam scītum est *(+ Inf.)*! *(Ph. 821)*	Wie klug ist es (etw. zu tun)!
quōquō pāctō *(Ad. 342)*	in jedem Fall, unter allen Umständen
utut haec sunt ācta ... *(Ad. 248)*	wie auch immer das gelaufen ist ...
cōnsulam hanc rem amicōs quid faciendum cēnseant. *(Men. 700)*	Ich frage in dieser Sache die Freunde, was ich tun soll.
post cōnsulam. *(Ad. 982)*	Das entscheide ich später.
dēlīberā hoc dum ego redeō! *(Ad. 196)*	Überleg' es dir, bis ich wiederkomme!

concilium habēre *(Mil. 599)*	eine Beratung abhalten
nōn est cōnsilium. *(Hec. 494)*	Das ist nicht der Plan.
cōnsilium meditārī *(Mil. 612)*	sich einen Plan überlegen
cōnsilium placet. *(Quer. IV,2)*	Der Plan ist gut.
nōn equidem cōnstitueram. *(Quer. II,3)*	Ich hatte es nicht vor.
cōpia est alqd. faciendī. *(Epid. 162)*	Es besteht die Möglichkeit/ Gelegenheit, etw. zu tun.
cōpiam facere *(Trin. 135)*	die Gelegenheit schaffen
nōn potest. *(Truc. 752)*	Es ist nicht möglich.
nimium petis. *(Truc. 752)*	Du verlangst zu viel.
experiundō sciēs. *(Ht. 331)*	Probier's halt aus! (*wörtl.*: Durch Ausprobieren wirst du es erfahren.)
iam expediam! *(And. 617)*	Ich finde schon eine Lösung!
sīc animum indūxī meum: *(Kombination aus And. 883 und Ad. 68)*	Ich habe mich so entschieden:
mihi dēcrētum est + *Inf. (Aul. 572)*	Ich habe beschlossen, *etw. zu tun.*
sī tibi sat acceptum est/sī acceptum sat habēs + *AcI (Most. 224/247)*	wenn du davon überzeugt bist, dass
quīn sīc faciam ut cōnstituī? *(Amph. 1052)*	Warum mache ich es nicht so, wie ich beschlossen habe?
hoc mihi factū *(Sup. II)* est optimum: *(Aul. 582)*	So zu handeln ist für mich am besten:
ad mē recipiō. *(Ht. 1056)*	Ich nehme es auf mich. Ich übernehme die Verantwortung.
immō utrum vult. *(Ht. 1058)*	Ganz, wie er/sie will.

Es muss sein

ŏpus esse	nötig sein
sī ita ŏpus est factō *(Ad. 601)*	wenn das wirklich nötig ist
scīs quid ŏpus factō est. *(Ad. 996)*	Du weißt, was zu tun ist.
nōn ŏpus est. *(Ht. 187)*	Es ist nicht nötig/angebracht.
ŏpus est, ut … *(Ph. 204)*	Es ist nötig, dass …

prout cuique ŏpus erat *(Apg. 2,45)*	wie es jeder nötig hatte
argentum (mihi) ŏpus est. *(Ph. 593)*	Ich brauche Geld.
(mihi) ŏpus est argentō. *(vgl. Ph. 666; dort* sumptū)	Ich brauche Geld.
satius est *+ Inf./AcI (Ad. 58)*	Es ist besser, etw. zu tun/dass etw. geschieht.
quăsi necesse sit *+ AcI (And. 372)*	als ob es notwendig sei, dass ...
quandō ūsus poscet *(Mil. 810)*	wenn der Fall eintritt; wenn es nötig ist
in locō *(Ht. 537)*	wo es angebracht ist
unā operā *(Men. 796)*	genauso gut/mit dem gleichen Aufwand (könnte man etw. anderes tun)
date modo operam! *(Mil. 1158)*	Gebt euch nur Mühe!
operae prĕtium est. *(Mil. 31)*	Es ist der Mühe wert.
bene rem gerite! *(Cas. 87)*	Macht eure Sache gut!

Das geht mich (nichts) an

cūrae est mihī. *(Ad. 129)*	Er/Sie/Es liegt mir am Herzen.
alqd. curae habēre *(Men. 991)*	für etw. Sorge tragen
occupātus/a sum. *(Merc. 288)*	Ich bin beschäftigt.
nīl ad mē attinet. *(Ad. 134)*	Das berührt mich nicht.
quid ad nōs? *(Mt. 27,4)*	Was geht uns das an?
nīl refert. *(Epid. 166)*	Es nützt nichts.
quidnam refert diū didicisse? *(Stylpho 238)*	Was nützt es denn, lange studiert zu haben?
Illud permagnī refert. *(Ht. 467)*	Das ist sehr wichtig.
quid (istuc) meā/nostrā *(erg.* refert)? *(Ph. 133/800)*	Was interessiert mich/uns das?
id meā minimē refert. *(Ad. 881)*	Das interessiert mich wenig.

Statt refert *auch* interest; *der Abl. Sg. Fem. ersetzt in diesen Ausdrücken den Genitiv eines Substantivs* (Rōmānōrum interest). *Die Entstehung der Form ist umstritten (vgl. RH § 140 Anm. 1).*

is nihilī pendit. *(Ad. 452)*	Ihm ist das egal.
id multī facit. *(Rud. 381)*	Darauf legt er großen Wert.

alqd./alqm. floccī nōn facere *(vgl. Eun. 303)*	sich nichts aus etw./jd. machen
alqd. magnī/parvī/nihilī pendĕre *(Ad. 452; Ht. 715)*	auf etw. viel/wenig/keinen Wert legen
bona sua prō stercore habet. *(Truc. 556)*	Ihm ist sein Hab und Gut sch***egal.
nīl moror + *Akk. (Mil. 280)*	Ich mache mir nichts aus ...
causā meā *(Cas. 269)*	um meinetwillen, mir zuliebe
meā causā *(Cas. 77)*	von mir aus, meinetwegen
per mē quidem *(Curc. 554)*	von mir aus, meinetwegen
sŭsque dēque	mehr oder weniger
id sŭsque dēque habeō. *(Amph. 886)*	Das interessiert mich nicht.
aequī istuc faciō. *(Mil. 784)*	Das ist mir gleich.
proximus sum egomet mihī. *(And. 635)*	Ich bin mir selbst der Nächste.
mihi istīc nec seritur nec metitur. *(Epid. 265)*	Ich habe da keine eigenen Interessen. (*wörtl:* Für mich wird da weder gesät noch geerntet.)

Fehler und Untaten

peccātum *(Ht. 625)*	Fehler, Irrtum; Vergehen
alqd. stultē facere *(Bacch. 57)*	eine Dummheit machen
cēlāre alqd. alqm. *(Ad. 54)*	etw. vor jd. verheimlichen
alicui negōtium exhibēre *(Merc. 273)*	jd. Arbeit/Ärger machen
sibi malam rem quaerere *(Mil. 274)*	sich Ärger einhandeln
male/bene audīre *(Hec. 600)*	einen schlechten/guten Ruf haben
nē quis tibi hoc vitiō vertat *(Mil. 1350)*	damit dir das niemand übel auslegt
immō, ut illam cēnsēs? *(Curc. 59)*	Nein, was denkst du denn von ihr?
facis ut aliās rēs solēs. *(Amph. 536/Men. 752)*	Du handelst so wie sonst auch. (*auch negativ:* Das sieht dir ähnlich!)
vehemēns in utramque partem es nimis. *(Ht. 440)*	Du neigst allzu sehr zu Extremen.
aperiam istaec tua flagitia. *(Men. 738)*	Ich werde deine Schandtaten offenlegen.

hīsce oculīs, nē negā! *(Ht. 564)*	Mit meinen eigenen Augen (habe ich es gesehen), streite es nicht ab!
sciens fidēlī infīdus fuistī. *(As. 568)*	Du warst wissentlich jemandem untreu, der dir vertraut hat.
alqm. lūdōs facere *(Pseud. 1167)*	mit jd. seinen Spott treiben
alicui ōs sublĭnere, ō, lēvī, lĭtum	jd. „anschmieren", betrügen (*wörtl.:* das Gesicht anschmieren)
tibi ōs est súblĭtum plānē et probē. *(Epid. 491)*	Man hat dich ordentlich angeschmiert.
capital (is, *n.*) facere *(Men. 92)*	ein Kapitalverbrechen begehen
ēripere, iō, uī, ēreptum *(Ad. 90)*	(mit Gewalt) rauben, entreißen
surripere *(Men. 130)*	stehlen, heimlich entwenden
sē adligāre furtī *(Eun. 809)* *hier mit Gen.; auch mit Abl.:* scelere *(Georges)*	sich eines Diebstahls schuldig machen
carcer, eris, *m. (Poen. 1409)*	Gefängnis

In den Komödien wird für Gefängnis zumeist das Wort nervus *(eigentlich:* Riemen, Fessel) *verwendet:*

in nervō iacēre *(Curc. 718)*	im Gefängnis sein (*wörtl.:* liegen)
in nervum abdūcere *(Poen. 1399)*	ins Gefängnis abführen

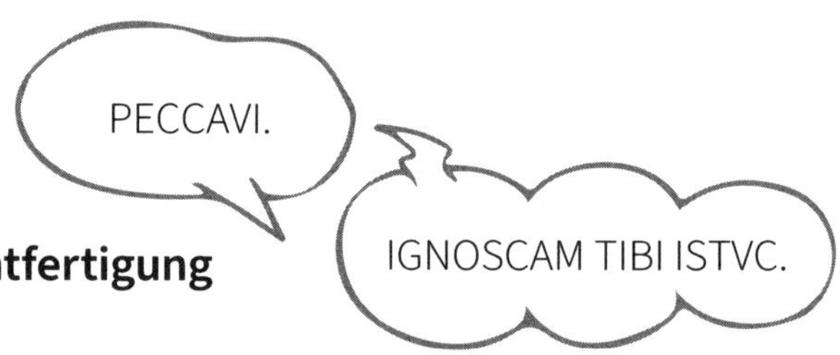

Entschuldigung und Rechtfertigung

sē purgāre (alicui dē aliquā rē) *(Eun. 434)*	sich (vor jd. wg. etw.) rechtfertigen
purgātiō, ōnis, *f. (Ht. 625)*	Rechtfertigung, Entschuldigung
peccāvī. *(Ad. 276)*	Ich habe einen Fehler gemacht.
errāvī. *(Ad. 579)*	Ich habe mich geirrt.
cēnsēn (< cēnsēs-nĕ) hominem mē esse? *(Ad. 579)*	Bin ich blöd? *(unterstreicht den Ärger über einen eigenen Fehler, wörtl.:* Glaubst du, ich sei ein Mensch?)

ignōsce! *(Cic. Att. IV,17,3)*	Entschuldigung! Tut mir leid!
nōllem factum. *(Ad. 165)*	Ich wollte, es wäre nicht passiert/ ich hätte es nicht getan.
tacuisse māllem. *(Curc. 512)*	Ich wünschte, ich hätte geschwiegen.
quid commeruī? *(Quer. V,2)*	Was habe ich denn Schlimmes getan?
at nōn malitiōsē tamen fēcī. *(Mil. 562)*	Ich habe es aber doch nicht böswillig getan.
quaesō nē vitiō vertās. *(As. 450)*	Bitte nimm es mir nicht übel!
sum extrā noxiam. *(Hec. 276)*	Ich bin unschuldig.
innoxius *(Rud. 196)*	unschuldig
innoxius sum abs tē. *(Aul. 221)*	Ich habe mir dir gegenüber nichts zuschulden kommen lassen.
uxor quid faciat in manū nōn est meā. *(Hec. 666)*	Ich habe es nicht in der Hand, was meine Frau tut.
tua istaec culpa est, nōn mea. *(Epid. 587)*	Das ist deine Schuld, nicht meine.
sānē nōllem hūc exitum. *(Ad. 775)*	Ich wünschte wirklich, ich wäre nicht hier herausgekommen.
aliī nunc sunt mōrēs. *(Bacch. 437)*	Die Zeiten haben sich geändert.
causae quid dīcam? *(Ad. 531)*	Was für einen Grund soll ich sagen?
nōn mihi ōtium est nunc auscultandī. *(Ad. 419f.)*	Ich habe jetzt keine Zeit, zuzuhören.
mē pudet.	Ich schäme mich.
mē tuī pudet. *(Ad. 683)*	Ich schäme mich vor dir.
frātris mē pudet. *(Ad. 391f.)*	Ich schäme mich für den Bruder.

Der Genitiv bei pudet *kann also – je nach Zusammenhang – sowohl denjenigen bezeichnen,* ***vor dem*** *als auch denjenigen (oder dasjenige),* ***für den (oder das)*** *man sich schämt.*

quid faciam amplius? *(Ad. 732)*	Was könnte ich noch tun?
quid agerem? *(Ad. 214)*	Was hätte ich tun sollen?
vērum quid faciās? *(Ad. 431)*	Aber was soll man da machen?
infitiās īre *(Ad. 339)*	Ausflüchte machen, sich herausreden
(haec) missa faciō. *(Ad. 991)*	Darüber sehe ich hinweg.
īgnōscō tibī. *(Eun. 879)*	Ich verzeihe dir.

īgnōscam tibi istuc. *(Mil. 570)*	Ich will dir das verzeihen.
in concordiam redīre *(Amph. 962)*	sich versöhnen
in grātiam redīre cum *(Amph. 1141 f.)*	sich versöhnen mit

PATER, AVVS, PROAVVS, ABAVVS, ATAVVS, TRITAVVS …

Familie, Verwandtschaft und Ehe

Die Bezeichnung verwandtschaftlicher Beziehungen „ist nicht universell, sondern kulturspezifisch" (Haarmann, S. 77). So kennt das Lateinische einerseits für Onkel *und* Tante *unterschiedliche Bezeichnungen, je nachdem, ob es sich um Verwandte mütterlicher- oder väterlicherseits handelt, andererseits werden für* Enkel *und* Enkelin *sowie für* Neffe *und* Nichte *die gleichen Begriffe verwandt. Im Folgenden sind sowohl die antiken Begriffe als auch mögliche Umschreibungen angegeben.*

părentēs, um	Eltern
păter, tris	Vater
māter, tris	Mutter
frāter, tris	Bruder
sŏror, ōris	Schwester
līberī, ōrum	Kinder
fīlius	Sohn
fīlia	Tochter
sŏcer, crī	Schwiegervater
sŏcrus, ūs	Schwiegermutter
gĕner, erī	Schwiegersohn
nŭrus, ūs	Schwiegertochter
pátruus (= frāter pătris)	Onkel (= Bruder des Vaters)
ámĭta (= soror pătris)	Tante (= Schwester des Vaters)
avúnculus (= frāter mātris)	Onkel (= Bruder der Mutter)
mātértera (= sŏror mātris)	Tante (= Schwester der Mutter)
ăvus	Großvater
ăvia	Großmutter

ăvus maternus/paternus *(Cat. 84,6)*	Großvater mütterlicher-/väterlicherseits
prŏăvus *(Pers. 57)*	Urgroßvater
ábăvus *(Pers. 57)*	Ururgroßvater
átăvus *(Pers. 57)*	Urururgroßvater
trităvus *(Pers. 57)*	Ururururgroßvater
átăvī, ōrum *(Hor. carm. I,1,1)*	Vorfahren
nepōs, ōtis (=fīlius fīliī/ae)	Enkel (=Sohn des Sohnes/der Tochter)
nepōs, ōtis (=fīlius frātris/sŏrōris)	Neffe (=Sohn des Bruders/der Schwester)
neptis, is (=fīlia fīliī/ae)	Enkelin (=Tochter des Sohnes/der Tochter)
neptis, is (=fīlia frātris/sŏrōris)	Nichte (=Tochter des Bruders/der Schwester)
(cōn)sobrīnus/a *(Poen. 1068)*	Cousin/e
adoptātīcius/a *(Poen. 1045)*	Adoptivsohn/-tochter
vĭr, vĭrī	Mann
marītus	Ehemann
mulier, eris	Frau

mulier *(z. B. Ad. 172) ist in der Komödie gebräuchlicher als* fēmina *(z. B. Mil. 958).*

uxor, ōris	Ehefrau
adfīnis, is, *m./f. (Trin. 622)*	Schwager/Schwägerin
mātrimōnium	Ehe
uxōrem dūcere	eine Frau heiraten
virō *(Dat.)* nūbere, ō, nūpsī, nuptum	einen Mann heiraten
discessiō, ōnis, *f. (And. 568)*	Ehescheidung
gēns, gentis, *f.*	Familie *(=Menschen, mit denen man verwandt ist)*
familia *(Ad. 89)*	Familie *(=Menschen, mit denen man im gleichen Haus lebt; „Hausgemeinschaft"; in der Antike zählten dazu auch die Sklaven.)*

Freundschaft, Liebe und Erotik

NVM QVID AMPLIVS TIBI CVM ILLA FVIT?

Die Antike war, was das Aussprechen von Sexualität und Körperlichkeit betrifft, im Allgemeinen offener und zum Teil derber als spätere Zeiten. Andererseits fällt auf, dass man bei Plautus und Terenz (anders als etwa bei Catull oder den Satirikern) wenige oder keine ausgesprochenen „Tabu-Wörter" findet.

favēre + *Dat.*, eō, fāvī, fautum *(Eun. 916)*	jd. mögen, gerne haben
se dēdere + *Dat.*, ō, dēdidī, dēditum *(And. 63)*	sich jd. widmen, für jd. da sein
amāre	lieben *(auch euphemistisch für* Affären haben *oder* ins Bordell gehen, *so Ad. 61)*
amābilitās, tātis, *f. (Poen. 1174)*	Liebenswürdigkeit, Attraktivität
amāre coepī. *(Eun. 568)*	Ich habe mich verliebt.
in hāc commōtus sum. *(Eun. 567)*	Ich habe mich in sie verliebt.
animum adicere alicui/ad alqm., iō, adiēcī, adiectum; *sprich:* adjícere, adjíciō *(Mil. 909/Eun. 143)*	sich in jd. verlieben, „sein Herz an jd. hängen"
dēperīre alqm. *(Mil. 796)*	jd. wahnsinnig lieben
dēmorī alqm., ior, dēmortuus sum *(Mil. 970)*	unsterblich verliebt sein in jd.
mihi cordŏlium est. *(Cist. 65)*	Ich habe Liebeskummer *(wörtl.:* Herzeleid).
caeca amōre est. *(Mil. 1259)*	Sie ist vor Liebe blind.
anime mī *(Eun. 95)*/animule mī! *(Men. 361)*	mein Schatz! *(zu einem Mann)*
mea voluptās! *(Men. 189/Rud. 436)*	meine Wonne! *(zu Frau oder Mann)*
mea rŏsa! *(Men. 191/As. 664)*	meine Rose! *(zu Frau oder Mann)*

Eine größere Anzahl von Kosenamen (alle tierischen Ursprungs) findet sich As. 666f. und 693f.

uterque utrīque est cordī. *(Ph. 800)*	Sie haben sich von Herzen gern.
libīdō (inis, *f.*) incenditur. *(And. 308)*	Die Lust entbrennt.
amōrem ex animō āmovēre *(And. 307)*	sich die Liebe aus dem Kopf schlagen
consuēscere cum, ō, consuēvi *(Ph. 873)*	ein Verhältnis mit jd. haben
num quid amplius tibi cum illā fuit? *(And. 325)*	Hattest du etwa noch mehr mit ihr?

mēcum rem coepit. *(Merc. 533)*	Er/Sie hat etwas mit mir angefangen.
sāvium	Kuss
dan (< das-ně) sāvium? *(Truc. 373)*	Gibst du mir einen Kuss?
ōsculārī *(Ht. 900)*	sich küssen
amplexārī *(Ht. 900)*	sich umarmen
(sub)blandīrī *(Most. 221)*	(ein wenig) schmeicheln
palpāre	streicheln, schmeicheln
palpātionēs, um, *f. pl. (Men. 607)*	Schmeicheleien, Zärtlichkeiten
manum in sĭnum insérere + *Dat. (Ht. 563)*	jd. in den Ausschnitt greifen
papillam pertractāre *(As. 224)*	den Busen streicheln
manum abstinēre *(Ht. 565)*	die Hand bei sich behalten
manūs comprimere *(Ht. 590)*	die Hände bei sich behalten
subigitāre *(Ht. 567)*	befummeln, begrabschen
cŭbāre cum, ō, cŭbuī, cúbitum *(Ad. 851)*	schlafen mit
accŭbāre + *Akk. (Men. 476)*	mit jd. schlafen
līberī locī potestās *(Cas. 535)*	sturmfreie Bude
potin (< potis-ně) ā mē abeās nisī mē vīs vŏmere hodiē? *(Cas. 731 ff.)*	Gehst du weg von mir, oder willst du, dass ich heute noch kotze?

Recht drastische Zurückweisung einer sexuellen Annäherung.

Der menschliche Körper

corpus, oris, *n.*	Körper
longus *(Trin. 903)*	groß, großgewachsen
corpulentus *(Epid. 10)*	korpulent
crassus *(Pseud. 659)*	dick, fett
măcer, măcra, măcrum *(Pers. 96)*	mager
caput, itis, *n.*	Kopf
capillī, ōrum, *m.*	Haare
barba	Bart

faciēs, eī, *f.*	Gesicht
quā faciē est? *(Capt. 646)*	Wie sieht er/sie aus?
frōns, frontis, *f.*	Stirn
oculus	Auge
nāsus	Nase
ōs, ōris, *n.*	Mund; Gesicht
collum	Hals
pectus, oris, *n.*	Brust, Brustkorb
costa *(Pseud. 136)*	Rippe
cor, cordis, *n.*	Herz
pulmōnēs, um, *m. pl. (Curc. 237)*	Lunge
mamma	weibliche Brust, Mutterbrust
mammam dare *(Ad. 975)*	die Brust geben, stillen
ūber, ūberis, *n.; pl.* ūbera, ūberum	Brust; *meist im Plural:* Busen
papilla	Brustwarze, Brust

In erotischem Zusammenhang eher papilla *(As. 224) oder* ūbera *(Hohelied 1,1);* mamma *(bzw.* mammicula) *evtl. Pseud. 1261, dort aber Text nicht ganz sicher.*

venter, tris, *m.*	Bauch
stomachus	Magen
umbilīcus	Nabel
iĕcur, iĕcŏris, *n. (Curc. 237)*	Leber
pēnis, is, *m.*	Penis
testēs, ium, *m.*	Hoden
volva	Vulva, weibliche Scham
nătis, is, *f.*	Pobacke
nătēs, ium, *f. pl. (Pers. 847)*	Po, Hintern

Weeber (S. 103) weist darauf hin, dass das heute (auch als Fremdwort im Deutschen) geläufigere pōdex, pōdicis, *m. ursprünglich, schon aufgrund der etymologischen Verwandtschaft mit* pēdĕre, *etwas derber und „anrüchiger" gewesen sei. Belegt ist es laut Georges überwiegend bei den Satirikern.*

bracchium *(Men. 886)*	Arm
cubitum *(Curc. 282)*	Ellbogen
manus, ūs, *f.*	Hand
digitus	Finger

fĕmur, oris, *n.*	Oberschenkel
crūs, crūris, *n. (Men. 885)*	Unterschenkel
pēs, pĕdis, *m.*	Fuß

Körperfunktionen

Vgl. die Vorbemerkung zum Abschnitt Freundschaft, Liebe und Erotik *(oben S. 70).*

spīrāre *(Georges)*	atmen
caput quassāre *(As. 403)*	den Kopf schütteln
innuere, ō, innuī *(Ad. 171)*	zunicken
nictāre *(As. 784)*	(zu)blinzeln
ōscitāre *(Georges)*	gähnen
sternŭĕre, uō, uī *(Pseud. 629)*	niesen
spūtāre *(Merc. 138)*	spucken
(cōn)sūdāre *(Pseud. 666)*	(heftig) schwitzen
intestīna mihi crepant. *(Men. 925)*	Mir knurrt der Magen.
ructāre (*Pseud. 1295; dort* inructare)	rülpsen
ructus, ūs, *m. (Pseud. 1301)*	Rülpser
vŏmere, ō, vŏmuī, vŏmitum *(Cas. 732a)*	sich übergeben, erbrechen
stertere, ō *(As. 872)*	schnarchen
flātus (ūs, *m.*) ventris	Blähung
flātum ventris ēmittere *(Suet. Claud. 32)*	flatulieren
caenum *(Most. 291)*	Kot

Einige „anständige" Ausdrücke für die menschlichen Ausscheidungen nennt Weeber (S. 82), darunter auch sēcēdere, *was ungefähr dem deutschen* austreten *entspricht. Georges führt dazu mehrere Belege an, allerdings nicht für absoluten Gebrauch, sondern in Verbindung z.B. mit* ad exonerandum ventrem. *– Zu dem Verb* exonerāre (erleichtern) *findet sich bei Georges auch die Verbindung mit* vēsīcam. *Es scheint naheliegend, auch* sē exonerāre *in diesem Sinn zu verwenden, belegt ist dies jedoch offenbar nur im psychischen Sinn, also* sich von einer seelischen Last befreien.

sēcēdere	austreten
*sē exonerāre	sich erleichtern
ventrem exonerāre *(Georges)*	Stuhlgang haben (*wörtl.:* den Bauch erleichtern)
vēsīcam exonerāre *(Georges)*	urinieren (*wörtl.* die Blase erleichtern)

Gesundheit, Krankheit, Tod

valētūdō, inis, *f.*	Gesundheit, Gesundheitszustand
morbus *(Hec. 357)*	Krankheit
valēre	gesund sein
ā morbō valeō. *(Epid. 129)*	Ich bin frei von Krankheit.
aegrōtāre *(Truc. 260)*	krank sein
aeger, aegra, aegrum *(Truc. 464)*	krank
aegrōtus *(Curc. 61)*	krank
aegrōtus/a cubat. *(Kombination aus Curc. 61 und Cas. 38)*	Er/Sie liegt krank im Bett.
labōrāre *(And. 268)* *Vgl. unten S. 100 Anm. zu* operārī.	leidend sein, in den Wehen liegen
gravida est. *(Amph. 111)*	Sie ist schwanger.
contagiō, ōnis, *f.*	Ansteckung
contagiōne meī patris *(Amph. 31; dort metaphorisch)*	weil ich mich bei meinem Vater angesteckt habe
algēre, eō, alsī	frieren, Kälte empfinden

Im Gegensatz zu algēre *bezeichnet* frigēre *den objektiven Tatbestand, dass etwas kalt ist (vgl. Menge Nr. 305).*

nē algeās hāc hiēme *(Mil. 689)*	damit du im nächsten Winter nicht frierst
algēscere, ō, alsī *(Ad. 36)*	sich erkälten
alsī.	Ich bin erkältet.

febris, is, *f.* *(Pers. 78)*	Fieber
quid morbī est? – febris. *(Hec. 357)*	Was für eine Krankheit ist es? – Fieber.
gravēdō, inis, *f.* *(As. 796)*	Schnupfen
ángĭna *(Most. 218)*	Halsentzündung, Angina
Zur Quantität der zweiten Silbe vgl. Georges.	
tussis, is, *f.*	Husten
tussīre *(As. 794)*	husten
pallēre *(Pers. 24)*	blass/bleich sein
nausea *(Merc. 389)*	Übelkeit, Erbrechen, Seekrankheit
raucus *(Cist. 304)*	heiser
rogitandō sum raucus factus. *(Epid. 200)*	Vor lauter Fragen bin ich ganz heiser geworden.
claudus *(Aul. 73)*	gehbehindert
alqd. praefringere, ō, praefrēgī, praefrāctum *(Ad. 37f.)*	sich etw. brechen
diffringere cervicem *(Mil. 722)*	sich den Hals brechen
crūs frāctum oblĭgāre *(Men. 885)*	ein gebrochenes Bein schienen
medicīna *(Men. 992/Cas. 74)*	1. Arztpraxis 2. Medizin
percontārī *(Men. 922/1091)*	befragen; *(medizinisch)* untersuchen
sī forte morbus amplior factus sit *(Hec. 330)*	wenn sich die Krankheit eventuell verschlimmert hat
metuō nē morbus mage adgravēscat. *(Hec. 337)*	Ich fürchte, dass die Krankheit sich verschlimmert.
sī perīculum ullum in tē inest *(Hec. 326)*	wenn du irgendwie in Gefahr bist
sī remittent quidpiam dolōrēs *(Hec. 349)*	wenn die Schmerzen etwas nachlassen
salvan (< salva-nĕ) est? – meliuscula est. *(Hec. 354)*	Ist sie über den Berg? – Es geht ihr ein klein wenig besser.
erit istī morbō melius! *(Cist. 73)*	Das wird schon wieder! *(wörtl.:* Deine Krankheit wird sich bessern.)
*ut istī morbō melius sit!	Gute Besserung!
mortem obiit. *(Ph. 1019)*	Er/Sie ist verstorben.

ē mediō excessit/abiit. *(Ph. 967/1019)*	Er/Sie ist von uns gegangen (*euphemistisch für* verstorben).
sī quid mē sit (*Poen. 1085; dort* fuat)	wenn mir etwas zustoßen sollte (*euphemistisch für* wenn ich sterbe)

Ähnlich Trin. 157 sī quid eō fuerit; *der Ablativ* mē/eō *ist wohl (ebenso wie in Ad. 611 oder Ht. 188) Ablativ der Beziehung* (Ablātīvus līmitātiōnis/respectūs)*; vgl. oben S. 61.*

vīxit. *(Pseud. 311)*	Er/Sie hat gelebt. (*euphemistisch für* Er/Sie ist tot.)

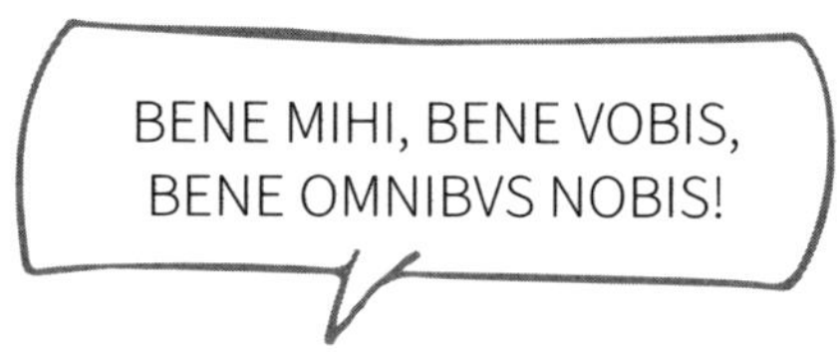

Essen und trinken

cĭbus *(Vid. 42)*	das Essen, die Speise
ēsca	Essen
pōtiō, ōnis, *f.*	Getränk
ēsca atque pōtiō *(Men. 88)*	Essen und Trinken
pĕnus, ūs, *m. (Pseud. 178)*	(Lebensmittel-)Vorrat
cibum capere cum *(Eun. 368)*	mit jd. essen
ientāculum	(erstes) Frühstück
prandium	(zweites) Frühstück, (kaltes) Mittagessen
prandium corrumpitur. *(Ad. 588)*	Das Essen wird schlecht.
vesperna *(Georges)*	Abendessen
cēna	Hauptmahlzeit *(in der Antike am Abend)*
cēnāre *(Vid. 53)*	speisen
prandēre, eō, prandī, prānsum *(Men. 630)*	zu Mittag essen
victitāre *m. Abl. (Truc. 315)*	von etw. leben, sich von etw. ernähren
ĕdere (esse), ō, ēdī, ēsum (ĕssum) *(Vid. 49)*	essen
mandūcāre	essen, kauen
mandūcāre cum *(Hieronymus, ep. 21,35)*	mit jd. essen

Die Formenbildung von ĕdere *ist etwas kompliziert: Eine Reihe von Formen wird so kontrahiert, dass sie mit Formen des Verbs* esse = sein *übereinstimmen, z. B.* ēs, est, essem *usw. (vgl. Georges* edō*).*

Vermutlich deshalb und wegen der Verwechslungsmöglichkeit zwischen den beiden Verben hat sich das einfachere und ursprünglich etwas derbere mandūcāre *in der Spätantike und in den romanischen Sprachen durchgesetzt (ital.* mangiare, *franz.* manger).

bĭbere, ō, bĭbī	trinken
pōtāre *(Ad. 62)*	trinken *(insbesondere Alkohol); auch abschätzig* „saufen"
ēsurīre/ĕssurīre *(Men. 926)*	Hunger haben
sitīre	Durst haben
fămēs, is, *f.*	Hunger
sĭtis, is, *f.* *(Akk. Sg.* sĭtim; *Abl. Sg.* sĭtī)	Durst
satur, a, um *(Men. 926)*	satt
ēbrius *(Trin. 812)*	betrunken
tēmulentus *(And. 229)*	betrunken
incēnātus *(Pseud. 846)*	mit leerem Magen

Eingeladen

hospēs, itis, *m./f.*	Gast *(männlich oder weiblich)*
hospita, *f.* *(Pers. 464)*	weiblicher Gast
ad prandium/cēnam vocāre *(Rud. 142/Most. 1005)*	zum Essen einladen
forās vocātus sum ad cēnam. *(Capt. 173)*	Ich bin auswärts zum Essen eingeladen.
prōmīsī forās. *(Most. 1004)*	Ich bin auswärts eingeladen.
forīs cēnāre *(Stich. 190)*	auswärts speisen
tē meae dŏmī accipiam. *(Mil. 738f.)*	Ich möchte/werde dich bei mir zu Hause bewirten.
bene et commodē acceptus/a sum. *(Cas. 855)*	Ich bin gut und angenehm bewirtet worden.
adsīde/adsīdite! *(Stich. 90/92)*	Setz dich/Setzt euch (her)!/Nimm/Nehmt Platz!
propīnāre (amīcīs pōculum) *(Pseud. 1262)*	zuprosten (den Freunden mit dem Becher)
tibi propīnō! *(Stich. 708)*	Auf dein Wohl! Prost!

bene mihi, bene vōbīs, bene meae amīcae, bene omnibus nōbīs! *(Pers. 773/775)*	Auf mich, auf euch, auf meine Freundin, auf uns alle!
Das Gleiche im Akkusativ:	
bene vōs, bene nōs, bene tē, bene mē, bene nostram etiam Stephanium! *(Stich. 709)*	Auf euch, auf uns, auf dich, auf mich, und auch auf unsere Stephanium!
aquam velim! *(Amph. 1058)*	Ich möchte (ein Glas) Wasser!
vīsne aquam tibi petam? *(Trin. 1091 f.)*	Soll ich dir (ein Glas) Wasser holen?
mihi bĭbere dēcrētum est aquam. *(Aul. 572)*	Ich habe mir vorgenommen, Wasser (keinen Wein) zu trinken.
aquam ingerere, ō, gessī, gestum *(Pseud. 157)*	Wasser einschenken/eingießen

Kochen, Backen, Braten

Eine bildliche Darstellung verschiedener Gartechniken mit den dazugehörigen lateinischen Vokabeln findet sich SL, S. 103. Das erste Bild legt nahe, dass coquere *dem deutschen* kochen = in heißem Wasser garen *entspricht. Tatsächlich bezeichnet das Wort allerdings, ähnlich wie das englische* to cook, *alle Arten von Zubereitung durch Hitze. So heißt es etwa bei Apicius (VIII,8,1), dass ein Hase zunächst in Wasser vorgekocht wird* („in aquā prae**coquitur**“), *dann in Öl in der Backröhre fertig gegart werden soll* („ac**coquendus** oleō in furnō“). *Unserem* Kochen in heißem Wasser *(englisch* to boil) *entspricht dagegen* ēlixāre; *das Adjektiv dazu ist* ēlixus (gekocht, gesotten). *Apicius (VII, 19,1 f.) unterscheidet* ōva frīxa (Rühr- oder Spiegeleier, *engl.* fried egg) *und* ōva ēlixa (gekochte Eier, *engl.* boiled egg). – *Für* grillen, am Spieß braten, *schlägt SL* assāre *vor, einen Begriff, den Apicius z. B. für die Zubereitung von Würsten verwendet (II,5,2) und der wegen der etymologischen Verwandtschaft mit* arēre *tatsächlich auf eine „trockene“ Form der Garung hindeutet. – Das* Braten in Öl *wird von SL schließlich mit* frīgere *übersetzt; laut Georges bedeutet dieser Begriff zwar eher* rösten, am Feuer dörren, *doch die Spiegeleier des Apicius dürften nicht ohne Öl gebraten worden sein, und das aus* frīgere *entstandene italienische* friggere *bezeichnet ebenfalls ein Braten in Öl oder Fett (DDLI:* cuocere in padella nell' olio o in altro grasso bollente). *Auch die* Pommes frites *haben ihren Namen von dem aus* frīgere *entstandenen französischen* frire.

coquere, ō, coxī, coctum	kochen, braten, backen
coquere in furnō *(Apic. VIII,8,1)*	im Backofen braten, backen
ēlixāre	kochen, sieden
ēlixus	gekocht, gesotten
piscis ēlixus *(Apic. X,1,2)*	Kochfisch
assāre	grillen, rösten
assus	gegrillt
piscis assus *(Apic. X,1,6)*	gegrillter Fisch
frīgere, ō, frīxī, frīxum *(Apic.VII,19,1)/* frīctum *(Apic. VIII,5,1)*	braten, frittieren
vitellus frīctus (*Apic. VIII,5,1; dort* vitellina)	Kalbsbraten
crūdus *(Pers. 94)*	roh

Töpfe, Teller und Besteck

ōlla *(Apic. VI,2,1)*	Kochtopf
frĕtāle, is, *n. (Apic. VII,5,5)*	Bratpfanne
furnus (*Epid. 119; dort* fornus)	Backofen
pátĭna *(Apic. IV,2,1 ff.)*	Schüssel, Pfanne, Auflaufform
tegmen, inis, *n. (Quer. V,2)*	Deckel
crībrum *(Pseud. 102)*	Sieb
catīnus, i *(Güthl.)*	Teller
catíllus, i *(Güthl.)*	(kleiner) Teller
cochlear, āris, *n. (Apic. II,2,5; dort* cocleāre; *vgl. Georges)*	Löffel
culter, trī, *m. (Aul. 417)*	Messer
fuscĭnŭla *(Helfer; Deminutiv von* fúscĭna = Dreizack; *Vid. 92)*	Gabel
pōculum *(Curc. 368)*	Becher, Trinkgefäß
lagoena *(Apic. I,6; dort* lagōna; *vgl. Georges)*	Flasche

Speisen und Getränke

„Klassische" Lebensmittel

pānis, is, *m. (Apic. IV,1,1)*	Brot
cāseus *(Apic. IV,1,3)*	Käse
cărō, carnis, *f. (Apic. I,8)*	Fleisch
perna *(Pers. 105)*	Schinken
piscis, is, *m. (Apic. X,1,1)*	Fisch
fungī, ōrum, *m. pl. (Apic.VII,15,1)*	Pilze
orȳza *(Apic. II,2,8; dort* orīza)	Reis
offa *(Georges)*	Kloß, Knödel
legūmina, um, *n. pl. (Apic. IV,4,2)*	Hülsenfrüchte
făba *(Stich. 690; dort Deminutiv* făbula)	Bohne
(h)ŏlus, (h)ŏleris, *n. (Apic. III,1)*	Kohl, Gemüse
lactūca *(NLL; Apic. III,15,3; dort möglicherweise für* Lattich, *vgl. aber auch engl.* lettuce)	(grüner) Salat, Kopfsalat
sorbĭtiō, ōnis, *f. (Pseud. 868)*	Suppe
iūs, iūris, *n. (Apic. V,3,2)*	Brühe, Soße
puls, pultis, *f. (Apic. VII,13,6)*	Brei
dulce, is, *n.* (*pl.* dulcia) *(Apic.VII,13,1ff.)*	Süßspeise
crūstulum *(Stich. 691)*	Plätzchen, Keks
mĕl, mellis, *n. (Apic. IV,1,3)*	Honig
farīna *(Truc. 906)*	Mehl
ōvum *(Apic.VII, 19,1f.)*	Ei
ŏleum *(Apic. IV,1,3)*	Öl
acētum *(Truc. 179)*	Essig
būtȳrum *(Georges)*	Butter
condimentum *(Rud. 402)*	Gewürz
sāl, sălis, *m. (Merc. 205)*	Salz
pĭper, pĭperis, *n. (Apic. I,27)*	Pfeffer
cēpa *(Apic. IV,2,24)*	Zwiebel
allium/ālium *(Apic. IV,1,3)*	Knoblauch
sināpe, is, *n. (Pseud. 817)*	Senf

pōmum *(Georges)*	Obst
mālum *(Apic. I,18)*	Apfel
pĭrum *(Apic. I,20)*	Birne
prūnum *(Apic. I,20)*	Pflaume
frāgum *(Georges)*	Erdbeere
cĕrasum *(Apic. I,20; dort* cerasium)	Kirsche
pérsicum *(MLG)*	Pfirsisch
ūva *(Apic. I,17)*	Traube
nux, nŭcis, *f. (Stich. 690)*	Nuss
aqua	Wasser
mustum *(Apic. I,4,2)*	Fruchtsaft
lac, lactis, *n. (Apic. VII,18,1)*	Milch
vīnum	Wein
vīnum album *(Men. 915)*	Weißwein
vīnum ātrum *(Men. 915)*	Rotwein
album an ātrum vīnum pōtās? *(Men. 915)*	Trinkst du (lieber) Weißwein oder Rotwein?
cervīsia *(Georges)*	Bier

„Moderne" Lebensmittel

Naturgemäß gibt es gerade hier viele Neologismen, verbunden mit der in der Einleitung (vgl. oben S. 26ff.) angesprochenen Problematik, welche Kriterien man bei ihrer Bildung zugrunde legen sollte. Für die Kartoffel etwa schlägt das NLL in Anlehnung an den botanischen Namen Sōlānum tūberōsum *den Begriff* tūber sōlāni *vor, also* Knolle des Nachtschattengewächses, *während Eich. 20,17 entsprechend dem französischen* pomme de terre *oder den süddeutschen* Erdäpfeln pōmum terrestre *angibt. Bei Helfer wird der Kartoffelbrei dann zu* pōmōrum terrestrium puls. *Was spricht dagegen, so wie im Italienischen, Spanischen und Englischen auch im Lateinischen das ursprüngliche Taino-Wort* batata *(vgl. Collins) zu übernehmen, also* patāta, ae, *f.? Dazu kann man ein Adjektiv* patāticus *bilden, das sich, ebenso wie das Lebensmittel selbst, gut „weiterverarbeiten" lässt: Kartoffelbrei ist dann etwa* puls patātica.

*patāta	Kartoffel
*patātae frīctae	Pommes frites
*puls patātica	Kartoffelbrei

*puls avēnāria	Haferbrei, Porridge
*offa patātica	Kartoffelknödel
*offa frūmentāria	Semmelknödel
tomāta *(Eich. 19,5)*	Tomate
ārāncium *(Eich. 21,14)*	Orange, Apfelsine
cĭtrum *(Eich. 21,15)*	Zitrone
*pizza	Pizza
*pasta	Pasta, Nudeln
vīnum spūmāns *(Helfer)*	Sekt
*aqua spūmāns	Mineralwasser mit Kohlensäure
*aqua tranquilla	Mineralwasser ohne Kohlensäure
līmonāta *(Helfer)*	Limonade
cōla *(Winkler, S. 99)*	Cola
cáfea *(Eich. 18,8)*	Kaffee
thea *(Helfer)*	Tee

Kleidung und Schmuck

vestīmentum *(Truc. 137)*	Kleidung
vestis, is, *f. (Eun. 609)*	Kleidungsstück
brācae, ārum, *f. (Georges)*	Hose
camisia	Hemd, Bluse

Stroh (Hilfen, S. 7) kritisiert das Wort zwar als „unlateinisch", aber einige spätantike Belegstellen finden sich bei Georges, und mittelalterlich ist es u. a. belegt für Unterkleid, Hemd, Chorrock der Geistlichen *(MLG); vgl. ital.* la camicia, *span.* la camisa, *franz.* la chemise.

subūcula *(Suet. Aug. 82,1)*	Unterhemd
tŭnĭcula (*Lang.*: kleine Tunika, Hemdchen)	T-Shirt, Unterhemd
subligar, āris, *n. (Juv. VI,70)*	Unterhose
strophium *(Cat. 64,65)*	BH

palla *(Men. 130)*	(Frauen-)Kleid
zōna *(Merc. 925)*	Gürtel
*subzōnārium, *evtl.* palla subzōnāria	Rock

Zugegebenermaßen eine etwas eigenwillige Eigenschöpfung. In der Antike gab es kein vergleichbares Kleidungsstück. Eich. (6,3), Helfer und SL (S. 83) schlagen das Wort gunna *vor, das jedoch (so MLG, vgl. Georges) offenbar ein „kurzes mit Pelz besetztes Kleid" bezeichnete; NLL bietet an:* castula *(nach Georges „eine Art Mieder oder Schnürbrust"),* supparum *(Georges: „ein Überwurf von Leinen mit kurzen, ziemlich engen Ärmeln ..."),* indūcula inferior *(nach Epid. 223; laut Georges bezeichnet* indūcula *jedoch wohl eher ein Untergewand) sowie* tŭnĭcula inferior *(also eher ein* Unterhemdchen). *Wie hätte man das Kleidungsstück einem Römer erklärt? Vielleicht am ehesten als ein nur vom Gürtel abwärts getragenes Kleid – daher obiger Vorschlag. Vielleicht hat jemand noch eine bessere Idee?*

pallium *(Aul. 646)*	Mantel
paenula *(Most. 991)*	Regenmantel, Kapuzenjacke
petasus *(Amph. 443)*	Hut
pilleus *(Amph. 462)*	Mütze
tībiāle, is, *n. (Suet. Aug. 82,1)*	Strumpf, Socke
calceus *(Truc. 765)*	Schuh
calceāmentum	Schuh

(Gell. XIII,22,7; dort calciāmentum. *Die Stelle legt nahe, dass es sich bei dem Wort um einen Oberbegriff für unterschiedliche Schuhformen handelte.)*

sŏlea *(Truc. 367)*	Sandale
soccus *(Epid. 725)*	(leichter) Schuh, Halbschuh
cálĭga *(Cic. Att. II,3,1)*	(schwerer) Schuh, Militärstiefel
ānulus *(Ht. 614)*	Ring
inaurēs, ium, *f. pl. (Men. 541)*	Ohrringe
catella (< catēna) *(Georges)*	Kettchen, Schmuckkette

Wachen und Schlafen, Körperpflege

dēfatigārī *(Eun. 220)*	müde werden
dēfessus (ambulandō/quaeritandō) *(Ad. 713/Amph. 1014)*	müde, erschöpft (vom Umherlaufen/Suchen)
lassus *(Hec. 238)*	müde
somniculārī *(Quer. IV,1)*	schläfrig sein, dösen
pernoctāre *(Ad. 531)*	übernachten *(irgendwo oder bei jd.)*
cubitum īre *(Georges)*	schlafen gehen
in lectō cubāre *(Cas. 38)*	im Bett liegen
tegumentum (*Bacch. 602; dort* integumentum)	Decke
dormīre, iō, dormīvī	schlafen
obdormīscere, ō, obdormīvī *(Amph. 272)*	einschlafen
cubans facile dormiō. *(vgl. Men. 928)*	Ich schlafe leicht ein.
perdormīscere usque ad lūcem *(Men. 928)*	bis zum Morgen durchschlafen

Die Präsenserweiterung -sc- *bezeichnet normalerweise den Beginn eines Zustandes oder einer Handlung. Insofern wäre hier* perdormīre *eigentlich logischer. Dieses Wort scheint aber nicht belegt zu sein; vgl. Georges.*

ēdormīscere crāpulam *(Rud. 586)*	seinen Rausch/Kater ausschlafen
somniāre *(Ad. 724)*	träumen
somnium *(Ad. 204)*	Traum
suscitāre *(Most. 372)*	aufwecken
vigilāre	wach sein; aufwachen
vigilā! *(Most. 373)*	Wach auf!
ē lectō surgere, ō, surrēxī *(Ad. 520)*	aus dem Bett aufstehen
sordēre *(Truc. 379)*	ungewaschen/schmutzig sein
lavāre *(Ht. 618)*	(sich) waschen

In der Bedeutung sich waschen *auch, aber nicht zwingend, medio-passivisch* lavārī *(Georges).*

lavātum īre *(Ht. 655)*	ins Bad gehen
dentēs dēfricāre, ō, uī, ātum *(vgl. Cat. 39,19)*	Zähne putzen
capillum pectere, ō, pexī, pexum *(Ht. 290)*	das Haar kämmen
capillōs compōnere *(Most. 254)*	die Haare frisieren
rādere, ō, rāsī, rāsum	rasieren

rādī, or, rāsus sum *(Georges)*	sich rasieren
in speculum inspicere *(Amph. 442)*	in den Spiegel schauen
mālās oblinere, ō, lēvi, litum *(Most. 258)*	Make-up auftragen (*wörtl.:* die Wangen schminken)
cērussa *(Most. 258)*	Make-up (*ursprüngl.* Bleiweiß)
fūcus *(Most. 275)*	Rouge
unguentum *(Ad. 117)*	Parfüm
(vestem) induere, ō, induī, indūtum *(Georges)*	(Kleidung) anziehen
vestem mūtāre *(Eun. 609)*	sich umziehen
linteum *(Most. 267)*	Handtuch
manūs extergēre, eō, tersī, tersum *(Most. 267)*	sich die Hände abtrocknen
(puerum) colligāre incunābulīs *(Amph. 1104)*	(das Kind) in Windeln wickeln
alicui ventum facere *(Cas. 637)*	jd. Wind zufächeln

Zeit, Jahres- und Tageslauf

Jahr, Tag und Stunde

annus	Jahr
annō *(Men. 205)*	vor einem Jahr
plūs iam annō sciō. *(Curc. 14)*	Ich weiß es seit über einem Jahr.
mēnsis, is, *m. (Ad. 475)*	Monat
diēs, eī, *m./f.*	Tag

Üblicherweise liest man, diēs *sei maskulin, aber in der Bedeutung* Frist, Termin *feminin. Dies erscheint im Hinblick auf den tatsächlichen Sprachgebrauch zu apodiktisch und trifft wohl auch nur auf Cicero zu (vgl. Georges). Etwas salopp könnte man sagen: Man kann hier nicht viel falsch machen, ist jedoch mit dem Maskulinum eher auf der sicheren Seite.*

diēs nātālis	Geburtstag
mī est nātālis diēs. *(Capt. 174)*	Heute habe ich Geburtstag.
diēs meus *(Cic. Att. XIII,42,2)*	mein Geburtstag

heus, hŏdiē nāte/a! *(Pseud. 243)*	Hallo, Geburtstagskind!
diēs ēmortuālis *(Pseud. 1237)*	Todestag
diēs nōminālis *(Helfer nach Tert. idol. XVI)*	Namenstag
tempus dieī *(As. 253)*	Tageszeit
it diēs. *(Pseud. 240a)*	Der Tag vergeht/verrinnt.
in diem (malum abiit) *(Ph. 781)*	für den Moment (ist das Übel abgewendet)
aliquot hōs sūmam diēs. *(Ph. 832)*	Ich nehme mir ein paar Tage frei.
hōra *(Pseud. 1304)*	Stunde
minūta	Minute
secunda *(NLL)*	Sekunde

Heißt es minūta *(so Cap.) und* secunda *oder* minūtum *und* secundum *(so NLL)? Nach EWD (Einträge zu* Minute *und* Sekunde*) ist* minūta *die ursprüngliche Form,* secunda *spätere Angleichung (ursprünglich* secundum*). Sofern beide Formen im gleichen Genus verwendet werden sollen, ist die feminine Form wegen der Parallele zum deutschen Gebrauch zumindest die eingängigere.*

Tageszeit

nox, noctis, *f.*	Nacht
hāc nocte *(Ad. 26)*	heute Nacht
dē nocte multā exsurrēxī. *(Rud. 914f.)*	Ich bin mitten in der Nacht aufgestanden.
lūcīscit hoc iam. *(Ht. 410/Amph. 543; dort* lūcēscit*)*	Es wird schon hell.
māne	der Morgen; morgens
multō māne *(Cic. Att. V,4,1)*	früh am Morgen
tam māne *(Ht. 67)*	so früh am Morgen
crās māne *(Poen. 807)*	morgen früh
merīdiēs, eī, *m.*	Mittag
ut veniāmus lūce *(Cas. 786; dort* lūcī, *vgl. Georges* lūx *I A 2)*	damit wir noch bei Tageslicht ankommen
ad sōlem occāsum *(Men. 1022)*	bis Sonnenuntergang
vesperāscit. *(Ht. 248)*	Es wird dunkel.
vesper, ī, *Abl. meist* vespere, *m.*	Abend

vespere/vesperī *(Lokativ)*	abends
tam vesperī *(Ht. 67)*	so spät am Abend
hesternō vesperī *(Stylpho 99)*	gestern Abend
vespera	Abend
ā māne usque ad vesperam *(Apg. 28,23)*	von morgens bis abends
primā vesperā *(Curc. 4)*	am frühen Abend

Vergangenheit, Gegenwart und Zukunft

hŏdiē/hĕrī/crās	heute/gestern/morgen
in praesentiā *(Ad. 222)*	in der Gegenwart
nŭdius tertius/quartus *(Truc. 91)*	vorgestern/vor drei Tagen

Wörtlich: Nun (ist der) dritte/vierte Tag; *dabei ist zu beachten, dass im Lateinischen die beiden Grenztage mitgezählt werden, sich also bei der Ordnungszahl immer eine Zahl mehr ergibt als im Deutschen.*

perendiē *(Aul. 156)*	übermorgen
abhinc mēnsēs decem *(Hec. 822)*	vor zehn Monaten
proximō annō *(Meissner, S. 17)*	1. im letzten Jahr 2. im nächsten Jahr

Anders als das deutsche nächster *bezeichnet das lateinische* proximus *das jeweils Nächstliegende sowohl in der Gegenwart als auch in der Zukunft; Beispiele für beide Bedeutungen bei Georges zu* propior *II B. In der Regel dürfte die Bedeutung durch den Zusammenhang (insbesondere durch das Tempus) klar sein. Zur eindeutigen Bezeichnung empfiehlt Meissner* superiōre/priōre annō *für die Vergangenheit und* posterō/consequente annō *für die Zukunft.*

nocte proximā *(Rud. 561)*	letzte Nacht
illum hīs sex mēnsibus proximīs nōn vīdī. *(Eun. 331f.)*	Ich habe ihn in den vergangenen sechs Monaten nicht gesehen.
iam hōs diēs multōs/complūrēs *(Men. 104; vgl. Rud. 131)*	schon seit vielen/einigen Tagen
iam multōs annōs *(Aul. 4)*	schon viele Jahre
trīduō prius/post *(Truc. 337f.)*	drei Tage vorher/nachher
hoc factum est ferē abhinc biennium. *(Bacch. 388)*	Das geschah vor etwa zwei Jahren.

ego tē hodiē tōtō nōn vīdī diē. *(vgl. Ad. 527)*	Ich habe dich heute den ganzen Tag noch nicht gesehen.
iam diū factum est postquam bĭbĭmus. *(Pers. 822)*	Es ist schon lange her, dass wir getrunken haben.
inde adeō quod (agrum mercātus es) *(Ht. 54)*	erst seitdem (du den Acker gekauft hast)
exinde *(Epid. 49; dort* exim)	von da an, seitdem
usque ā principiō omnia (audīvī) *(Aul. 538)*	alles von Anfang an (habe ich gehört)
ego iam dūdum hīc adsum. *(Eun. 743)*	Ich bin schon lange hier.
incertior sum multō quam dūdum. *(Ph. 459)*	Ich bin viel unsicherer als zuvor.
praeut dūdum fuit *(Men. 935)*	im Vergleich zu vorher
quam dūdum? – modo. *(Eun. 697)*	Wie lange her? – Eben gerade.
usque adeō, dum/quoad	so lange, bis
usque adeō in periculō fuimus, quoad Caesar rediit. (*Lang.* adeō[2] 2.)	So lange waren wir in Gefahr, bis Caesar zurückkehrte.
post modo *(Hec. 208)*	in Kürze, bald
dum ego redeō *(Ad. 196)*	bis ich wiederkomme
quoad eum expectātis? *(Ph. 148)*	Bis wann erwartet ihr ihn?
porrō *(Eun. 613)*	weiterhin, wiederum

Auch im Sinne von: A sagt es B, B **wiederum** C. *(Mil. 797)*

(ecce autem) dē integrō *(Ad. 153)*	(gerade wieder) von Neuem
ibi plūrimum est. *(Ph. 194)*	Dort ist er meistens.

(Kein) Grund zur Eile!

opperīrī + *Akk.*, ior, oppertus sum	auf jd. warten
tū istanc opperīre! *(Eun. 494)*	Du, warte auf sie!
vīn (< vīs-nĕ) domī opperiāmur? *(Eun. 894f.)*	Möchtest du, dass wir zu Hause warten?
hīc mē manē! *(Men. 1038)*	Warte hier auf mich!
paullisper manē! *(Ad. 253)*	Bleib kurz hier!
parumper *(Amph. 389)*	eine kurze Zeit, ein wenig
nunciam īlicō *(Ad. 156)*	jetzt gleich auf der Stelle
iam hīc aderit. *(Ad. 293)*	Er ist gleich da.

iam ego hīc erō. *(Aul. 104)* — Ich bin gleich wieder da.

iam *hat in der Verbindung mit dem Futur oft die Bedeutung „gleich, sofort“.*

cessāre — sich verspäten; zögern

sed cessō īre intrō? *(Ad. 712)* — Aber was zögere ich, hineinzugehen?

ŏdiōsē cessat. *(Ad. 588)* — Er/Sie bleibt unangenehm lange.

mānsiō (ōnis, *f.*) diūtina *(Ph. 1012)* — ein längerer Aufenthalt

nunc dēmum venīs. *(Ad. 233)* — Jetzt erst kommst du.

morae esse *+ Dativ (Ad. 712)* — *etw./jd.* aufhalten, verzögern

dētineō tē. *(Eun. 280)* — Ich halte dich auf. (*im Sinne von:* Lass dich nicht aufhalten!)

sed properē ŏpus est. *(Mil. 805)* — Aber es muss schnell gehen.

rēs subita/subitāria est. *(Curc. 302/Mil. 225)* — Die Sache ist dringend.

factum iam esse oportuit. *(Most. 1093)* — Es hätte schon geschehen sollen.

quam prīmum *(Ad. 516)* — so bald wie möglich

iam quantum potest *(Ad. 700)* — so schnell wie möglich

quid tam properās? *(Pers. 693)* — Warum hast du es so eilig?

nunc cum maximē *(Ad. 518)* — jetzt ganz besonders, gerade jetzt

(adeō) in ipsō tempore *(Hec. 627/And. 532)* — genau im richtigen Augenblick

in tempore *(Amph. 877)* — rechtzeitig

temperī *(Men. 464)* — rechtzeitig

nōn per tempus *(Cas. 164)* — nicht zum richtigen Zeitpunkt

adversō tempore *(Merc. 33)* — zum falschen Zeitpunkt

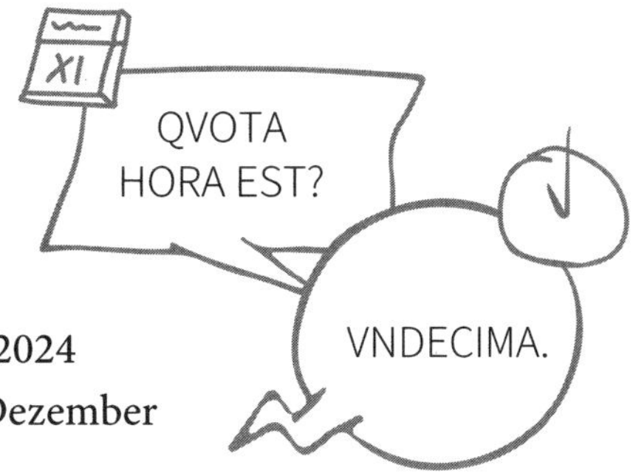

Kalender und Uhrzeit

annō bis mīllēsimō vīcēsimō quartō — im Jahr 2024

(diē) vīcēsimō quintō (mēnsis) Decembris; *kurz:* 25. Decembris — am 25. Dezember

Diese moderne Form der Datierung, durchaus auch mit arabischen Zahlen, ist seit der Neuzeit auch in lateinischen Inschriften gebräuchlich. Der antike römische Kalender ist dagegen so kompliziert, dass er für uns praktisch nicht zu gebrauchen ist: Die Römer rechneten von bestimmten Grenztagen (Kalenden, Iden, Nonen) rückwärts, wobei die beiden letztgenannten nicht immer auf den gleichen Monatstag fielen; beim Rückwärtszählen von den Kalenden aus ist zudem zu beachten, dass man je nach Länge des Vormonats bei gleicher Anzahl rückgezählter Tage auf unterschiedliche Daten kommt. Zur Abschreckung sollte das reichen …

quōta hōra est? *(Hor. sat. II,6,44)*	Wie viel Uhr ist es?
ūndecima hōra est.	Es ist 11.00 Uhr.
hōrā tertiā decimā minūtā quīnquāgēsimā tertiā	um 13.53 Uhr

Wie beim Kalender gilt auch bei der Uhrzeit: Das antike System weicht so sehr von dem unseren ab, dass es für moderne Kommunikation unbrauchbar ist: Im Altertum teilte man die Zeit von Sonnenaufgang bis Sonnenuntergang in zwölf „Stunden" ein, die je nach Jahreszeit unterschiedlich lang waren. Zweimal im Jahr, zur Tag- und Nachtgleiche, hatte eine „Stunde" tatsächlich die Länge von 60 modernen Minuten. An diesen beiden Tagen war dann 9.00 Uhr morgens tertia hōra *(die 3. Stunde), 15.00 Uhr* nōna hōra *(die 9. Stunde). Die Zeit von Sonnenuntergang bis Sonnenaufgang war in vier* vigiliae, *Nachtwachen, zu je drei Stunden eingeteilt. Bei der Tag- und Nachtgleiche war 21.00 Uhr also* prīma (hōra) secundae (vigiliae), *4.00 Uhr* secunda (hōra) quartae (vigiliae). *– Natürlich könnte man statt der 24-Stunden-Uhr auch die 12-Stunden-Uhr mit den lateinischen Bezeichnungen für vor- und nachmittags verwenden, wie sie sich im Englischen erhalten haben:*

ante merīdiem/a.m.	vormittags
post merīdiem/p.m.	nachmittags
merīdiē *(Ad. 848)*	um 12.00 Uhr mittags
mediā nocte *(Amph. 514)*	um Mitternacht

Jahreszeiten

vēr, vēris, *n. (Georges)*	Frühling
aestās, ātis, *f. (Georges)*	Sommer
autumnus *(Georges)*	Herbst
hiĕms, hiĕmis, *f. (Mil. 689)*	Winter

Monatsnamen

Iānuārius, Februārius, Mārtius, Aprīlis, Māius, Iūnius, Iūlius, Augustus, Septembris, Octōbris, Novembris, Decembris

Die Monatsnamen sind eigentlich Adjektive der a-/o- bzw. der i-Deklination; im Ablativ also z. B. (mēnse) Iānuāriō, (mēnse) Septembrī.

Wochentage

Die Wochentage sind nach Göttern benannt, die als Genitivattribut zu Diēs *hinzutreten. Üblicherweise werden sie in Wörterbüchern (z. B. Güthl., Pons) in der normalen lateinischen Wortstellung (Attribut hinter Bezugswort) angegeben, also* Diēs Mercŭriī. *Dem steht entgegen, dass sie in die romanischen Sprachen in umgekehrter Wortstellung eingegangen sind, also z. B.* Mercredi/Mercoledì; *Grund könnte sein, dass die betonte Anfangsstellung des Attributs der Unterscheidung der Wochentage dient. – Für Samstag und Sonntag sind die „heidnischen" und christlich-jüdischen Bezeichnungen alternativ angegeben.*

Sōlis Diēs/Dominica	Sonntag
Lūnae Diēs	Montag
Martis Diēs	Dienstag
Mercŭr(i)ī Diēs	Mittwoch
Iovis Diēs	Donnerstag
Veneris Diēs	Freitag
Sāturn(i)ī Diēs/Sabbatum	Samstag

Feiertage

Sofern es sich (auch) um katholische Feiertage handelt, folgt die Benennung (wenn nicht anders angegeben) dem Schott Meßbuch.

*Fēstum Novī Annī	Neujahrstag
Diēs Cinerum *(Pons)*	Aschermittwoch
Dominica in Palmīs	Palmsonntag
Fēstum Cēnae Dominī	Gründonnerstag

Parasceuē (*Schott:* Parasceve), ae, *f.*	Karfreitag

Das Wort gehört (ebenso wie Pentēcostē) *eigentlich zur griechischen 1. Deklination (Endungen* -ē, -ēs, -ae, -ēn, -ē; *vgl. Kühner I, S. 421 f.). Es dürfte vertretbar sein, sie nach der lateinischen a-Deklination zu gebrauchen, zumal dies in Rom noch bis in die augusteische Zeit hinein üblich war (vgl. Kühner I, S. 422,1).*

Pascha, Paschatis, *n.*	Ostern
Fēstum Ascēnsiōnis Dominī	Christi Himmelfahrt
Pentēcostē, ae, *f.*	Pfingsten
Fēstum Córpŏris Christī	Fronleichnam
*Fēstum Operāriōrum	Tag der Arbeit (*wörtl.:* Fest der Arbeiter)
*Fēstum Patriae Unītae	Tag der deutschen Einheit

Vgl. Viribus Unītīs, *den Wahlspruch Kaiser Franz Josephs I.*

Fēstum Refŏrmātiōnis	Reformationstag
Fēstum Omnium Sanctōrum	Allerheiligen
Fēstum Omnium Fidēlium Dēfunctōrum	Allerseelen
*Fēstum Memoriae Pūblicae	Volkstrauertag

Vgl. englisch Remembrance Day *(UK) bzw.* Memorial Day *(USA).*

*Fēstum Memoriae Dēfunctōrum	Totensonntag

Laut Verordnung König Friedrich Wilhelms III. von Preußen vom 25.11.1816 „Allgemeines Kirchenfest zur Erinnerung an die Verstorbenen“ *(Wikipedia, „Totensonntag“, Stand: 27.11.2023).*

Adventus, ūs, *m.*	Advent
Vespera Nātīvitātis	Heiligabend
Nātālis *(m.)* Christī/Nātīvitās *(f.)* Christī	Weihnachten
*Vespera Novī Annī	Silvester

Vgl. englisch New Year’s Eve.

Raum, Bewegung und Stillstand

Ist jemand zu Hause?

heus, ubi estis vōs? *(Pseud. 1136)*	He, wo seid ihr?
dŏmī	zu Hause (*auf die Frage* „Wo?“)
dŏmum	nach Hause (*auf die Frage* „Wohin?“)
dŏmō	von zu Hause (*auf die Frage* „Woher?“)

Die hier aufgeführten Formen gehören zu dŏmus, ūs, *f.* = Haus, *einem Wort, das zwischen o- und u-Deklination schwankt (Lokativ* dŏmī, *Separativ* dŏmō*).*

meae dŏmī *(Mil. 739)*	bei mir zu Hause
est frāter domī? *(Ad. 556)*	Ist der Bruder zu Hause?
vīsam, sī domī est. *(Ht. 170)*	Ich will mal schauen, ob er zu Hause ist.
domīn est an forīs? *(Merc. 131)*	Ist er zu Hause oder außerhalb?
ab nōbīs domō *(Cist. 658)*	von uns zu Hause
sē domum recipit suam. *(Amph. 663)*	Er begibt sich zu sich nach Hause.
domum cupere *(Bacch. 278)*	sich nach Hause sehnen, Heimweh haben
eāmus ad mē! *(Mil. 1437)*	Gehen wir zu mir!
récipe tē ad mē! *(Pers. 46)*	Begib dich zu mir!
ego ībam ad tē. *(Cas. 178)*	Ich wollte gerade zu dir.
nunc ad eum invīsō. *(Men. 108)*	Jetzt geh ich mal zu ihm hinein.
fŏrīs *(Ht. 923)*	1. draußen (*auf die Frage* „Wo?“) 2. von draußen (*auf die Frage* „Woher?“)
fŏrās *(Bacch. 95)*	nach draußen (*auf die Frage* „Wohin?“)
intrō	hinein (*auf die Frage* „Wohin?“)
ī intrō nunciam! *(Ad. 168)*	Geh jetz hinein!
intus	drinnen; von drinnen (*auf die Fragen* „Wo?“ *und* „Woher?“)
intus exit (fŏrās). *(Kombination aus As. 585 und Bacch. 95)*	Er/Sie kommt von drinnen heraus.

Komm mal her zu mir!

ades dum! *(And. 29)*	Komm mal her!/Bleib mal da!
ades resiste! *(And. 344)*	Bleib mal stehen!
istīc astātō! *(Aul. 56)*	Dort bleib stehen!
ehodum, ad mē! *(And. 184)*	He da, zu mir!
sequere (mē) hāc (intrō)! *(Ht. 743; Ad. 609)*	Folge (mir) hier entlang (hinein)!
ī prae, sequar/sequor. *(And. 171; Eun. 907)*	Geh vor, ich folge.
cur mē retentās? *(As. 591)*	Warum hältst du mich zurück?
praestō *(Adv.)* esse *(Rud. 864)*	anwesend sein
praesens aderō. *(Stylpho 238)*	Ich werde persönlich anwesend sein.
alqm. offendere, ō, fendī, fēnsum *(Merc. 587)*	jd. begegnen, jd. antreffen
contrā mē astat. *(Pers. 13)*	Er/Sie steht mir gegenüber.
mī obviam vĕnit. *(Rud. 206a)*	Er/Sie kommt mir entgegen.
fit mī obviam. *(Eun. 328)*	Er/Sie kommt mir entgegen.

Auf Reisen

peregrē *(Georges)*	1. in der Fremde 2. in die Fremde 3. aus der Fremde
cum peregrē hinc iit *(Most. 25)*	als er von hier abgereist ist
advēnit peregrē. *(Most. 353)*	Er ist von der Reise zurück.
in Cĭlĭciam cōgitābam. *(Cic. Att. VI,2,6)*	Ich wollte nach Cilicien *(erg.:* reisen).
Zur Ellipse von Verben der Bewegung vgl. Hofm. S. 171 f.	
rūre rediit. *(Merc. 810)*	Er/Sie ist vom Land zurück.
bĕnĕnĕ ambulātum est? *(Truc. 369)*	Hattest du eine gute Reise?
profĭciscī, or, profectus sum (Cyprum) *(Ad. 224)*	abreisen, aufbrechen (nach Zypern)
aliō profectus fuerās. *(Eun. 280)*	Du wolltest gerade woanders hin.
ego mē in pĕdēs quantum queō. *(Eun. 844)*	Ich mache mich möglichst schnell auf den Weg.
dīcam in itĭnere. *(Ph. 566)*	Ich erzähl's (dir) auf dem Weg.
interviās *(Poen. 1162)*	unterwegs

viāticum *(Quer. V,3)*	Reisekasse
nusquam gentium *(Ad. 540)*	nirgends auf der Welt
hinc cīvis est. *(And. 908)*	Sie ist eine Bürgerin von hier.

Wegbeschreibung

Eine (absichtlich irrreführende) Wegbeschreibung findet sich Ad. 569–589. Man beachte, dass Syrus überwiegend den sogenannten Imperativ Futur (also ītō/ītōte*) verwendet.*

mōnstrātiō, ōnis, *f.* (viae) *(Ad. 714)*	Wegbeschreibung
ubi inveniam ...? *(Ad. 569)*	Wo finde ich ...?
quam insistam viam, incertus sum. *(Eun. 294f.; dort metaphorisch)*	Ich bin unsicher, welchen Weg ich beschreiten soll.
ītō/ītōte ... *(Ad. 583)*	Geh/Geht ...
hāc (viā) pergitō! *(Ad. 577)*	Geh auf diesem Weg weiter!
*trānsītō/trānsītōte viam!	Überquere/Überquert die Straße!
praeterītō (porticum)! *(Ad. 574)*	Geh vorbei (an der Säulenhalle)!
hāc rēctā viā *(Ad. 574; dort* plateā*)*	geradeaus
rēctā *(Amph. 1042)*	geradewegs, direkt
ubi eō vēneris ... *(Ad. 574)*	wenn du dort angekommen bist ...
ubi eās aedēs praeterieris ... *(Ad. 581)*	wenn du an jenem Haus vorbeigekommen bist ...
*usque ad fīnem viae	bis zum Ende der Straße
dēverticulum *(Eun. 635)*	Abzweigung
quōrsum *(Ad. 100)*	wohin
ad sinistram *(Ad. 582)*/sinistrōrsum	nach links
ad dextram *(Ad. 583)*/dextrōrsum	nach rechts
prōrsus/prōrsum *(< Adj.* prōvorsus; *Pseud. 955)*	vorwärts
sursum	hinauf
dĕorsum	hinunter
rursum	zurück
seorsum	beiseite

trānsversum *(< Adj.* trānsvorsus; *Pseud. 955)*	seitwärts, quer
horsum pergunt. *(Hec. 450)*	Sie kommen hier in diese Richtung.
exadversum *(Ad. 584)*	gegenüber
adversā viā *(Bacch. 113)*	in die Gegenrichtung
aliō *(Mil. 1291)*	anderswohin
aliōrsum (*Aul. 287, dort arch.* aliōvorsum)	anderswohin
ibidem, ubi *(Men. 379)*	genau dort, wo
hūc et illūc *(Aul. 607)*	hierhin und dorthin
utrimque *(Amph. 111)*	von/auf beiden Seiten
vīlla proxima ad dextram *(Ht. 732)*	das nächste Landhaus auf der rechten Seite
hūc vicīniae *(And. 70)*	hierher in die Nachbarschaft
hīc proximae vicīniae *(Mil. 273)*	hier in der nächsten Nachbarschaft
in proximō hīc *(Hec. 341)*	ganz hier in der Nähe
errātiō, ōnis, *f. (Ad. 580)*	Umweg
compendium *(Mil. 781)*	Abkürzung *(auch metaphorisch wie in den nächsten Beispielen)*
operam fac compendī quaerere! *(Pseud. 1141)*	Spar dir die Mühe zu suchen!
compendī facere verba *(Bacch. 184)*	die Rede abkürzen, beenden

Der Genitiv ist hier im Sinne einer Bereichsangabe zu verstehen, also etwa: Man bringt die Mühe/Worte in den Bereich der Abkürzung *(vgl. Kühner II,1, S. 452). Unserem modernen Sprachempfinden würde eher die Vorstellung entsprechen, dass man eine Abkürzung oder ein Ende einer Tätigkeit „macht". Auch diese Konstruktion findet sich in den Komödien, allerdings deutlich seltener:*

compendium facere pultandī *(Pseud. 605)*	mit dem Anklopfen aufhören

In der Stadt

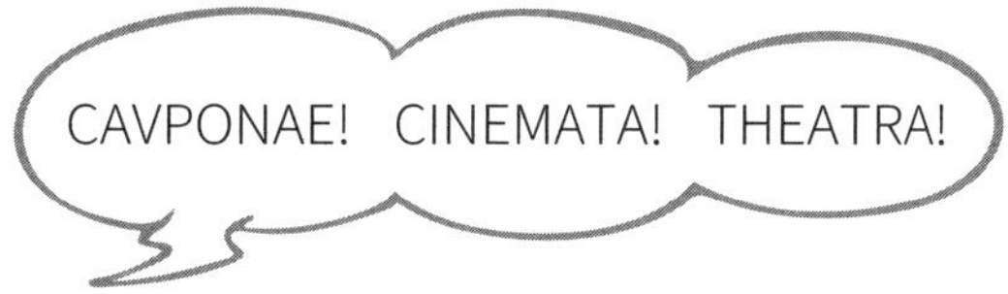

cūria *(Aul. 107)*	Rathaus
ecclēsia *(MLG)*	Kirche
statiō (ōnis, *f.*) ferrīviāria *(Helfer)*	Bahnhof
*statiō raedārum	Bushaltestelle, Busbahnhof
valētūdinārium *(Georges)*	Krankenhaus
argentāria *(Epid. 199)*	Bank
thermae, ārum, *f. (Georges)*	Thermalbad
piscīna	Schwimmbad, Schwimmbecken
Eich. 190,16/Georges; zunächst Fischteich, *dann* Schwimmbecken; *vgl. franz.* la piscine.	
*tabellārium (*vgl. Georges* „tabellārius")	Postamt
taberna *(Georges)*	Laden
librāria *(Gell. XIII,31,1)*	Buchladen
tō(n)strīna *(As. 408)*	Friseurladen
fábrĭca *(Ad. 584)*	Werkstatt
dēversōrium *(Lk. 2,7)*	Hotel, Pension, (Jugend-)Herberge
Zur Schreibweise dī-/dēversōrium *vgl. Georges.*	
caupōna *(Georges)*	Gaststätte, Kneipe
cinēma, cinēmatis, *n.*	Kino
Pons, von gr. κίνημα (Bewegung)*; vgl. engl.* cinema *(ältere Schreibweise – und Aussprache –* kinema; *vgl. Collins)*	
theātrum *(Georges)*	Theater
bibliothēca *(Georges)*	Bibliothek
vigiliārium	Feuerwehrhaus, Feuerwache
custōdiārium	Polizeiwache
Zu custōs *und* vigil *für* Polizist *und* Feuerwehrmann *vgl. S. 101;* vigiliārium *Sen. ep. 57,6, dort allerdings für ein kleines Wächterhäuschen; zu* custodiārium *vgl. Georges.*	
hortī, ōrum, *m. pl. (Georges)*	Park
coemētērium *(Georges)*	Friedhof

Wohnen

aedēs, ium, *f. pl. (Ad. 912)*	Wohnhaus, Wohnung
forēs, ium, *f. pl.*	Haustür, Eingangstor

In der Komödie ist forēs *das häufigste Wort für die Haustür; allerdings handelte es sich dabei um eine zweiflügelige Tür (daher der Plural). Für eine moderne Haus- oder Wohnungstür dürften die beiden nachfolgenden Begriffe passender sein:*

iānua *(Pers. 758)*	Haustür, Wohnungstür
ōstium *(Pers. 758)*	Haustür, Wohnungstür
ōstium pultāre *(Pseud. 604)*	an die Tür klopfen
clāvis, is, *f. (Cas. 111)*	Schlüssel
fenestra *(Mil. 379; dort* fenstra)	Fenster
foricula *(Georges)*	Fensterladen, Jalousie
tēctum *(Rud. 87)*	Dach
tabulātum *(Georges)*	Stockwerk
sōlārium *(Mil. 340)*	Terrasse, Balkon
pariēs, ĕtis, *m. (Trin. 1039)*	Wand
cēnāculum	1. Esszimmer 2. Obergeschoss
in superiōre habitō cēnāculō. *(Amph. 863)*	Ich wohne im Obergeschoss.
cēnātiō, ōnis, *f. (Sen. ep. 90,9)*	Esszimmer
culīna *(Pers. 631)*	Küche
cubiculum *(Ad. 694)*	Schlafzimmer
exedra	Wohnzimmer

Vgl. Georges: exedra *passt wohl eher als das von NLL vorgeschlagene* exedrium; synoecium *(so Eich. 14,3) ist wohl nur belegt bei Petron 93,3, wobei die genaue Bedeutung nicht ganz klar scheint: Ehlers übersetzt das Wort mit* Mietskaserne.

balneum	Badezimmer

(Rud. 383; dort balineae; *zu den verschiedenen Formen vgl. Georges)*

lātrīna *(Curc. 580)*	Toilette
sēcessus, ūs, *m. (Mt. 15,17)*	Toilette
supellex, supellectilis, *f. (Georges)*	Hausrat, Möbel
mēnsa *(Mil. 51)*	Tisch

sella *(Poen. 268)*	Stuhl, Sessel
armārium *(Georges)*	Schrank
lectus *(Ad. 520)*	Bett
tapētum (*Pseud. 147; dort* tappētium; *vgl. Georges* tapēte)	Teppich
munditiās facere *(Stich. 347)*	putzen (Wohnung/Haus)
habitāre *(Men. 308)*	wohnen
immigrāre *(Most. 105)*	einziehen
ēmigrāre *(Most. 951)* (ex hīs aedibus)	ausziehen (aus diesem Haus)
locāre/locitāre *(Vid. 27/Ad. 949)*	vermieten, verpachten
condūcere *(Vid. 43)*	mieten
aedēs conductae *(Cist. 319)*	gemietetes Haus
conductum *(Apg. 28,30)*	Mietwohnung, Ferienwohnung
rūrī agĕre vītam *(Ad. 45)*	auf dem Land leben
vīta urbāna *(Ad. 42)*	das Leben in der Stadt

Arbeit, Beruf, Geschäft

ars, artis, *f.*	Handwerk, (erlernter) Beruf
eiusdem erat artis. *(Apg. 18,3)*	Er hatte den gleichen Beruf.
nūllam artem didicī. *(Rud. 291)*	Ich habe keinen Beruf gelernt.
artificium	Beruf
quō artificiō ūtĕris? *(Suet. gr. 9)*	Welchen Beruf übst du aus?
quaestus, ūs *(Ad. 206)*	Gewerbe, (ausgeübter) Beruf
mihi quaestus nōn est. *(Rud. 291)*	Ich bin arbeitslos.
mercēs, ēdis, *f. (Merc. 769)*	Lohn, Gehalt
quid merēs? *(Pseud. 1192)*	Was verdienst du?
vīctum quaerere (*And. 75, dort* quaeritāre)	seinen Lebensunterhalt verdienen
egomet vix vītam colō. *(Rud. 283)*	Ich verdiene kaum genug zum Leben.
nervōs suōs intendere *(Eun. 312)*	sich anstrengen

hoc āctum est. *(Ph. 1009)*	Das ist erledigt.
occupātus est. *(Amph. frg. II)*	Er ist beschäftigt.
mihi negōtium est. *(Amph. 1035)*	Ich habe zu tun/einen Termin.
aliud mihi est negōtiī. *(Quer. II,2)*	Ich habe einen anderen Termin.
ŏpus, eris, *n.*	Arbeit
ŏperis aliquid facere *(Ad. 518)*	irgendetwas arbeiten
ŏpus locāre *(As. 443)*	eine Arbeit in Auftrag geben
ŏpus efficere *(As. 443)*	einen Auftrag erledigen
ŏpus facere *(Eun. 220)*	arbeiten
ŏperārī, or, ŏperātus sum *(Apg. 18,3)*	arbeiten

Das (vor allem im Anfangsunterricht) gerne verwendete labōrāre *hat, jedenfalls in der Antike, die Bedeutung von* sich abmühen, sich quälen *(vgl. Stroh, Latein, S. 141 f.).*

dēsidia *(Most.92)*	Untätigkeit, Herumsitzen
conductor, ōris, *m. (Trin. 856)*	Auftraggeber

Berufe

Grundsätzlich lässt sich von männlichen Wörtern der o-Deklination auf -us *die weibliche Form auf* -a *und von männlichen auf* -or *(gen.* -ōris) *die weibliche Form auf* -trīx *(gen.* -trīcis) *bilden:* medicus > medica, tōnsor > tōnstrīx.

operārius *(Vid. 21)*	(ungelernter) Arbeiter
făber, brī, *m.*	Handwerker, Facharbeiter
făber ferrārius *(Rud. 531)*	Schmied; Schlosser, Metallbauer
(făber) lignārius *(Güthl.)*	Schreiner; Zimmermann
strūctor (lapidārius) *(Georges)*	Bauhandwerker, Maurer
agrícŏla, ae, *m. (Georges)*	Landwirt
hortulānus *(Joh. 20,15)*	Gärtner
vīnitor *(Georges)*	Winzer, Weinbauer
caupō, ōnis, *m. (Georges)*	Wirt
caupōna *(Lucil. sat. III,24)*	Wirtin
minister caupōnius *(vgl. Poen. 1298; dort* puer caupōnius)	Kellner

ministra caupōnia	Kellnerin
mercātor *(Merc. Titel)*	Händler, Kaufmann
vestíficus *(Georges)*	Schneider (*wörtl.*: Kleidermacher)
sartor *(Georges)*	Änderungsschneider, „Flickschneider“
sūtor *(Aul. 513)*	Schuster
tōnsor *(As. 394)*	Friseur
tōnstrīx *(Truc. 405)*	Friseurin
pistor *(Georges)*	Bäcker
lănius *(Pseud. 197)*	Metzger
coquus *(Aul. 280)*	Koch
pictor *(Georges)*	Maler
sculptor *(Georges)*	Bildhauer
scrīptor *(Georges)*	Schriftsteller, Autor
mūsicārius *(Georges)*	Musiker
magister, trī *(Epid. 592)*	Lehrer
magistra *(Stich. 105)*	Lehrerin
párŏchus *(MLG)*	Pfarrer
sēcrētāria (*MLG* sēcrētārius)	Sekretärin
custōs, ōdis, *m./f.*	Polizist/-in
tabellārius *(Georges)*	Postbote
portitor *(As. 159)*	Zollbeamter
vigil, vígilis, *m./f.*	Feuerwehrmann/-frau

Das von Eich. und NLL vorgeschlagene sīphōnārius *scheint in der Bedeutung unsicher:* Spritzenmann *(Georges) oder* Pumpenwärter *(Walde-Hofmann zitiert bei Eich. 29,16)? Als* vigilēs *bezeichnete man hingegen die von Augustus eingerichtete Nacht- und Feuerwache (Georges). Vgl. auch ital.* vigile del fuoco.

magister cūriae *(Aul. 107)*	Bürgermeister
praetor, ōris, *m. (Stylpho 423ff.)*	Bürgermeister
centŭriō, centŭriōnis *(Kl. P.)*	Offizier
mīlĕs, mīlitis *m. (Mil. 88)*	Soldat
architectus (*Mil. 901; dort* Schiffbauingenieur)	Architekt
*compŭtātor	Computerspezialist, Informatiker
ratiōcinātor *(NLL)*	Buchhalter
mēchănĭcus *(Georges)*	Maschinenbauer, Mechaniker

argentārius *(Curc. 679)*	Bankangestellter, Bankier
minister pūblicus *(NLL)*	Beamter
iūdex, dicis *(Ad. 4)*	Richter
advocātus *(Men. 798)*	Anwalt
mĕdĭcus *(Men. 875)*	Arzt
infirmārius/-a *(MLG)*	Krankenpfleger/-schwester
mĕdicus oculārius *(Georges)*	Augenarzt
obstetrīx *(And. 299)*	Hebamme
odontotechnicus *(NLL)*	Zahntechniker
psychólŏgus *(NLL)*	Psychologe

In der Schule

lūdus *(Pers. 173)*	Schule
lūdus litterārius *(Merc. 303)*	Grundschule
disciplīna *(Caes. bell. Gall. VI,14,3)*	Unterricht, Lehre
pausa *(Rud. 1205)*	Pause
fēriae, ārum *(Epid. 469)*	Ferien
fēriae aestīvae/autumnālēs/Nātīvĭtātĭs/ Paschālēs	Sommer-/Herbst-/Weihnachts-/ Osterferien

Menschen in der Schule

magister *(Epid. 592)*	Lehrer
magistra *(Stich. 105)*	Lehrerin
discĭpulus/a *(Stich. 105)*	Schüler/Schülerin
classis, is, *f. (Güthl.; dort explizit für* Schulklasse)	Klasse
grĕx, grĕgis, *m. (Georges)*	Gruppe
*ŏpus (eris, *n.*) gregārium	Gruppenarbeit

rēctor, ōris *(MLG)* — Schulleiter

rēctrīx, īcis — Schulleiterin

Der Begriff rēctor *bzw.* rēctrīx *hat sich in der Neuzeit (auch im deutschen Sprachgebrauch) eingebürgert.* Als antike Alternative *findet sich Bacch. 425* gymnas(i)ī praefectus *für den Leiter einer Sportschule.*

sēcrētāria (*MLG* sēcrētārius) — Sekretärin

pedellus *(Eich. 31,12)* — Hausmeister

Räume

*praetōrium (*NLL* Schreibstube) — Schulleitungszimmer

Beim römischen Militär war das Praetorium *Amtssitz und Dienstwohnung des Kommandanten einer Garnison.*

conclāve, is, *n.* — Klassenzimmer

In der Antike „jedes verschließbare [...] Zimmer" *(Georges)*

sēcrētāriātus, ūs, *m. (Pons D-L)* — Sekretariat

*magistērium — Lehrerzimmer

Analog zu praetōrium, refectōrium *usw.; Bacch. 148 im Sinne von* Amt des Lehrers.

refectōrium — Mensa, Kantine

Seit dem Mittelalter Bezeichnung für den Speisesaal in einem Kloster (MLG).

Ausstattung und Material

mēnsa scrīptōria *(Helfer)* — Schreibtisch

tăbula *(Georges)* — Tafel

crēta *(Georges)* — Kreide

spongia *(Georges)* — Schwamm

stĭlus — Stift

In der Antike der Schreibgriffel, mit dem Wachstäfelchen beschrieben wurden (Kl. P.).

charta *(Cat. 36,1)* — Blatt Papier

Zur Schreibweise charta/carta *vgl. Georges.*

lĭber, lĭbrī, *m.* — Buch

lĭbrum inspicere *(Stich. 454)*	ins Buch schauen, nachschlagen
lĭbellus *(Cat. 1,1)*	Büchlein, Heft
pēra *(Georges)*	Rucksack, Ranzen

„Classroom Phrases"

surge/surgite, quaesō! *(Georges)*	Steh/Steht bitte auf!
cōnsīde/cōnsīdite! *(Georges)*	Setz dich/Setzt euch!
Marcus abest.	Marcus fehlt.

Falsch ist hier das bisweilen zu lesende deest, *welches nicht die bloße Tatsache des Abwesendseins bezeichnet, sondern das Schmerzlich-vermisst-Werden (vgl. Menge Nr. 79b). Ein böser Spruch über Abwesende lautet daher:* Absunt, nōn dēsunt.

aegrōtus/a est. *(Curc. 61)*	Er/Sie ist krank.
mihi ŏpus est stĭlō. *(vgl. Ph. 666)*	Ich brauche einen Stift.
licetnĕ ...	Ist es erlaubt ...
– portam/fenestram claudere/aperīre?	– die Tür/das Fenster zu schließen/zu öffnen?
– sēcēdere?	– zur Toilette zu gehen?

Vgl. oben S. 73f. Nicht unbedingt empfehlenswert dürfte im schulischen Kontext das bei Böttcher (S. 103) zitierte dēbeō mingere *sein – und das nicht nur wegen der problematischen Verwendung von* dēbēre!

abstergē tabulam, quaesō!	Wische bitte die Tafel!
abstergēre, eō, tersī, tersum *(Georges)*	abwischen
accende/exstingue lūmina *(n. pl.)*, quaesō! *(Georges* accendō I 1; exstinguō I)	Bitte schalte das Licht ein/aus!
perge porrō dīcere/legere! *(Trin. 777)*	Sprich/Lies weiter!
rursum (istuc dīc quod dixistī), quaesō! *(vgl. Aul. 649)*	(Sag das) bitte noch einmal!
animum advertere, ō, advertī *(Ht. 656)*	aufmerksam sein, aufpassen
hoc volō agās. – at enim agō istuc. *(Poen. 1197)*	Ich will, dass du dich auf mein/unser Thema konzentrierst. – Aber ich konzentriere mich doch darauf.

tū istuc cūrā quod agis. *(Mil. 1123)*	Konzentriere dich auf das, was du tust.
aliās rēs agis. – istuc agō equidem. *(Eun. 348f.)*	Du passt nicht auf. – Doch, ich passe auf.

Hinsichtlich der Zuordnung der Demonstrativpronomina zu den drei grammatischen Personen vgl. oben S. 30f.

satin (< satis-nĕ) estis meditātī? *(Pers. 465)*	Seid ihr gut vorbereitet?
facitōte in memoriā habeātis! *(vgl. Poen. 1418; dort Sg.:* facitō ... habeās!*)*	Merkt euch das!
expedīre *(Truc. 138)*	erklären
oblīviscī, or, oblītus sum	vergessen
oblītus/a sum omnia. *(Bacch. 790)*	Ich habe alles vergessen.

Weitere Ausdrücke zur Kommunikation im Unterricht bei Fritsch, Kap. 5 und Böttcher, S. 39–41.

Verkehr

vehiculum *(Aul. 502; dort* vehiclum)	Fahrzeug
raeda *(vgl. Einleitung)*	PKW
plaustrum *(Aul. 505)*	LKW

Ursprünglich ein einachsiger Wagen zum Transport von Lasten; (vgl. Kl. P. Wagen); *poetisch (Ov. Met. X,447) aber auch für den – doch wohl eher zweiachsig vorgestellten? – Großen Wagen als Sternbild.*

*raeda longa	Bus
*raeda (longa) pūblica	Linienbus
taxiraeda *(Helfer)*	Taxi
raeda meritōria *(Suet. Iul. 75; vgl. Stroh, Hilfen, Nr. 18)*	Mietwagen
bicyclus *(vgl. oben S. 27)*	Fahrrad
ferrīvia *(NLL)*	Eisenbahn

*(vehiculum) ferrīviārium	Zug

Eich. (39,8) gibt für Zug *das Wort* trāmen, trāminis, *n. an, wohl eine Eigenschöpfung. Das lateinische Wort* trāmen *bezeichnet allerdings einen gedrehten Faden beim Gewebe (Georges). Vielleicht hat Eich. das Wort in Anlehnung an deutsch/englisch* Tram/train *gebildet. Der etymologische Zusammenhang dieser Wörter ist allerdings wohl nicht das lateinische* trāmen, *sondern ein germanisches Wort mit der Bedeutung* Balken *oder* Deichsel *(Collins/EWD). Vielleicht sollte man, entsprechend dem Deutschen, einfach metonymisch das Wort* ferrīvia *benutzen:*

*ferrīviā vectus/a sum.	Ich bin mit der Bahn gefahren.
aëroplānum *(NLL)*	Flugzeug
regere, ō, rēxī, rēctum *(Georges)*	fahren, lenken
vehī, or, vectus sum *(Aul. 502)*	fahren (als Passagier)
rēctor, ōris, *m. (zu* regere)	Fahrer, Fahrzeugführer
rēctrīx, trīcis, *f. (zu* regere)	Fahrerin, Fahrzeugführerin
vector, ōris, *m. (zu* vehī)	Passagier
vectrīx, trīcis, *f. (zu* vehī)	Passagierin
tessera *(Georges* tessera *III 2 b)*	Ticket, Fahrkarte; Eintrittskarte
vehiculum ēscendere *(Merc. 931)*	in ein Fahrzeug einsteigen

Die Vorsilbe (ē/ex=aus) *klingt zunächst unlogisch; Georges nennt als erste Bedeutung* aufwärts-, hinauf-, emporsteigen. *Vergleichbar sind* excellere/excelsus, *also* aus einer Menge, einer Umgebung nach oben herausragen; *vgl. Trin. 942:* ...in caelum **ēscendistī**? = Bist du in den Himmel **hinaufgestiegen**?

vehiculum	ein Fahrzeug
– *expedīre *(vgl. Georges)*	– anlassen
– incitāre *(Georges)*	– beschleunigen
– tardāre *(Bacch. 293)*	– abbremsen, verlangsamen
– statúere, ō, uī, ūtum *(Bacch. 291)*	– anhalten, zum Stehen bringen
– *impedīre *(vgl. Georges* impediō *II)*	– anhalten, ausschalten
– collocāre *(Pons)*	– parken, abstellen
– onerāre/exonerāre *(Stich. 531 f.)*	– beladen/entladen

Wetter

tempestās, tātis, *f.* *(Most. 137)*	Unwetter, Gewitter
imber, imbris, *m.* *(Most. 138)*	Regen
grandō, inis, *f.* *(Most. 138)*	Hagel
nix, nĭvis, *f.*	Schnee
nĭvēs cădunt. *(Georges* nix *I A)*	Es fällt Schnee.
nix tābēscit. *(Stich. 648)*	Der Schnee schmilzt.
sōl, sōlis, *m.*	Sonne
sōlis radiī, ōrum, *m. pl.* *(Mil. 2)*	Sonnenstrahlen
sūdus	wolkenlos, heiter
sūdum est *(Mil. 2)*	es ist schönes Wetter
calet *(Petr. 72,3)*/calētur *(Capt. 80)*	es ist heiß
pluit, *pf.* pluit *und* plūvit *(vgl. Georges)* *(Capt. 336)*	es regnet

Spiel, Sport und Hobby

lūdere, ō, lūsī, lūsum	spielen
scaccī, ōrum, *m.* *(MLG)*	Schach
lūdus dominārum (*NLL* Damespiel)	Dame
*lūdus molārum	Mühle
pĭla *(Capt. 22)*	Ball
tessera *(Georges* tessera *II)*	Würfel
tesserīs lūdere *(Ad. 739)*	würfeln, mit Würfeln spielen
ālea *(Curc. 609)*	Würfel
ambulātiō, ōnis, *f.* (< ambulāre) *(Ad. 713)*	das Spazierengehen, Wandern
natātiō, ōnis, *f.* (< natāre) *(Rud. 155)*	das Schwimmen
cursus, ūs, *m.* (< currere, ō, cucúrrī)	das Laufen

saltus, ūs, *m.* (< salīre, iō, saluī) *(Georges)*	das Springen
saltus in longum *(Eich. 149,8)*	Weitsprung
saltus in altum *(Eich. 149,9)*	Hochsprung
saltātiō, ōnis, *f.* (< saltāre) *(Ad. 752)*	Tanz
pĕdĭfollis, is, *m.* *(Eich. 158,3)*	Fußball
pĕdĭfolle lūdere *(Eich. 158,5)*	Fußball spielen
mănŭfollis, is, *m.* *(Eich. 164,1)*	Handball
follis vŏlāticus, is, *m.* *(Eich. 164,2)*	Volleyball
*follis (is, *m.*) corbium	Basketball

Vgl. deutsch Korbball. – *Eichenseer schlägt für* Basketball follis bascaudārius *vor (164,5). Tatsächlich ist engl.* basket *etymologisch mit dem aus dem Britannischen stammenden* bascauda *verwandt, das allerdings eine „Kumme" (also eine Schüssel oder einen Trog zur Aufbewahrung von Metall) bezeichnet (Georges).*

tenísia *(Eich. 167,1; Helfer)*	Tennis

Vorschläge zu vielen weiteren Sportarten finden sich bei Eich. S. 145–215.

datātim lūdere pīlā *(vgl. Curc. 296)*	sich den Ball gegenseitig zuspielen
lĭbrōs lĕgere, ō, lēgī, lēctum	Bücher lesen
*mūsicam auscultāre *(vgl. Aul. 496)*	Musik hören
fidibus cantāre *(Epid. 500)*	die Lyra spielen
fidibus scīre *(Eun. 133)*	die Lyra spielen können
*computātōriō lūdere	am Computer spielen

Vgl. unten S. 113.

ōtium *(Ad. 419)*	Freizeit
oblectāmentum *(SL, S. 116)*	Vergnügen, Hobby
animum ad aliquod studium adiungere ō, iunxī, iunctum *(And. 56)*	irgendein Hobby betreiben
studēre + *Dativ (bzw. mit Akk. eines Pronomens im Neutrum; vgl. And. 58f.)*	sich für etwas interessieren
*quid in ōtiō studēs?	Was machst du in deiner Freizeit? Welche Hobbys hast du?
*pĕdĭfollī studeō.	Ich interessiere mich für Fußball.
sŏdālitās, tātis, *f.* *(Georges)*	Verein
grĕx, grĕgis, *m.*	Gruppe, Mannschaft
certāmen, inis, *n.* *(Georges)*	Wettbewerb, Match

punctum ferre *(Hor. ars 343)*	einen Punkt erzielen
*grĕx noster in certāmine tria puncta tulit.	Unsere Mannschaft hat in dem Spiel drei Punkte geholt.

Maße und Gewichte (metrisch)

gramma, tis, *n. (NLL)*	Gramm
chiliogramma, atis, *n. (NLL)*	Kilogramm
mĕtrum *(NLL)*	Meter
chiliomĕtrum *(NLL)*	Kilometer
lītra	Liter

NLL nennt sowohl lītra, ae *als auch* lītrum, ī. *Das Wort geht jedoch auf das griechische* λίτρα = Pfund *zurück (EWD).*

pondō	an Gewicht
piscium chiliogramma pondō *(Rud. 913; dort* unciam)	1 kg Fisch

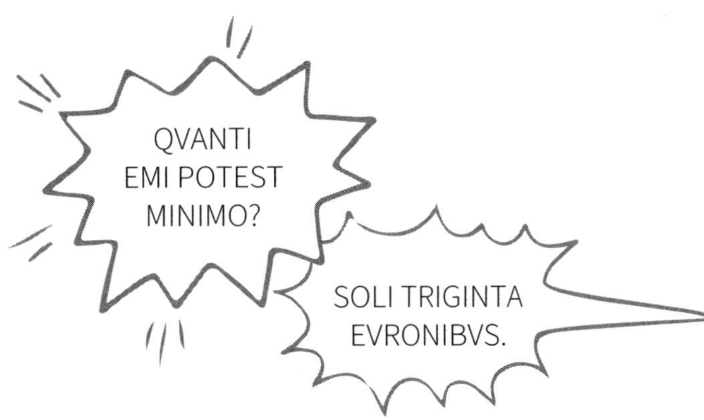

Kaufen und Verkaufen, Geld

Geld, Gold und Silber

argentum *(Ad. 192)*	Geld, Münzgeld, Silber

In der Komödie steht für Geld *meist* argentum *(nicht das aus Lehrbüchern vertrautere* pecūnia), *wohl weil damit das materiell greifbare Geld (Münzgeld) bezeichnet wird; vgl. franz.* l'argent; pecūnia *findet sich z. B. Aul. 186/214, Stich. 410 oder Trin. 178 in direkter Nachbarschaft zu* argentum.

aurum *(Aul. 7)*	Gold

pecūlium *(Stich. 751)*	Taschengeld *(ursprünglich das vom Herrn geduldete Privatvermögen von Sklaven)*
Eurō, Eurōnis, *m. (SL, S. 220)*	Euro
*Centēsimus	Cent
marsuppium *(Men. 254)*	Geldbeutel, Portemonnaie

Der Einkauf: Auf Kredit oder bar?

opsōnāre *(Men. 273)*	(Lebensmittel) einkaufen
opsōnāre cum fidē *(Ad. 964)*	auf Kredit einkaufen
merx, mercis, *f. (Merc. 87)*	Ware
mercārī *(Merc. 229)*	kaufen, erwerben
ĕmere, ō, ēmī, emptum *(Ad. 191)*	kaufen
vĕndĕre, ō, vĕndidī, vĕnditum *(Ad. 192)*	verkaufen
vēnīre, eō, iī *(Poen. 1015)*	verkauft werden

vĕndere *und* vēnīre *sind ursprünglich Zusammensetzungen des Wortes* vēnum = zum Verkauf *(Merc. 353) mit den Verben* dăre *bzw.* īre.

alqd. mancipiō dare/accipere *(Pers. 525/532)*	etw. mit Garantie verkaufen/kaufen
quō cōpia valēbit *(Rud. 287)*	solange der Vorrat reicht
prĕtium	Preis
cārus *(Aul. 374)*	teuer
vīlis, e	billig
alqd. vīlī emere *(Epid. 51)*	etw. billig einkaufen
compendium *(Truc. 377)*	Ersparnis
cōnstāre (*MLG, Güthl.; vgl. ital.* costare)	kosten
quantī *(Gen. des Preises)* istuc cōnstat?	Wie viel kostet das da?
quantī ĕmī potest minimō? *(Epid. 295)*	Was ist der Mindestpreis?
hŏc quinque Eurōnibus/Centēsimīs *(Abl. des Preises)* cōnstat.	Das hier kostet fünf Euro/Cent.
sōlī trīgintā Eurōnēs *(vgl. Ph. 557)*	nur dreißig Euro
praeter vectūram *(Most. 823)*	ohne die Transportkosten
argentum solvĕre, ō, solvī, solūtum *(Ad. 628)*	Geld bezahlen
mercātorem absolvĕre *(vgl. Ad. 277)*	den Händler bezahlen

praesentī pecūniā *(Men. 1159)*	gegen bar
nummōs scrībere	Geld überweisen

(As. 440; dort in dem Sinne, dass ein physisch anwesender Geldwechsler mit der Zahlung beauftragt wird.)

arrabō, ōnis, *m.*	Anzahlung
centum Eurōnēs arrabōni dedit.	Er hat 100 Euro angezahlt.

(Most. 645; dort quadraginta mināś)

Gewinn und Verlust

lucrum *(Ad. 216)*	Gewinn
iactūra *(Sen. ep. I,1,1)*	Verlust
dispendium *(Eun. 929)*	(finanzieller) Aufwand, Verlust
sumptus, ūs, *m. (Ad. 62)*	Aufwand, Kosten
perdere, ō, perdidī, perditum *(Ad. 234)*	verlieren, einen Verlust machen
accipere, iō, accēpī, acceptum *(Most. 304)*	(Geld) einnehmen
expendere, ō, expendī, expēnsum *(Most. 304)*	(Geld) ausgeben
ratiō acceptī atque expēnsī *(Most. 304)*	Gewinn-/Verlustrechnung
ratiōnem putāre *(Most. 299)*	rechnen, berechnen
ratiōnem subdūcere *(Ad. 855)*	eine Berechnung anstellen
tantum esse oportet: rēctē ratiōnem tenēs. *(Mil. 47)*	So viel müsste es sein: Du hast richtig gerechnet.

Armut und Reichtum

ĕgēre, eō, ĕguī *(Truc. 746)*	Mangel leiden, arm sein
carēre + *Abl.*, careō, carui *(As. 535)*	Mangel haben *an etw.*
abundāre + *Abl. (Cic. Tusc. II,15,35)*	Überfluss haben *an etw.*
pecūniā careō/abundō.	Ich habe kein/viel Geld.
opulentus *(Aul. 247)*	reich, wohlhabend
dīvĕs, dīvĭtis *(gen.) (Aul. 226)*	reich

pauper, pauperis *(gen.) (Aul. 227)*	arm

dīvēs *und* pauper *gehören zu den wenigen Adjektiven der konsonantischen Deklination, Abl. Sg. also* dīvitĕ *und* pauperĕ, *Gen. Pl.* dīvĭtum *und* pauperum.

mendīcus *(Stich. 132)*	Bettler
auxilium argentārium *(Pseud. 105)*	finanzielle Unterstützung
sustentāre *(Ad. 482)*	unterhalten, ernähren
inopia argentāria *(Pseud. 300)*	Geldnot, Geldmangel
rem confrēgit. *(Trin. 108)*	Er hat sein Vermögen durchgebracht.
numquam rem faciēs. *(Ad. 220)*	Du bringst es nie zu was.

Leihen, verleihen, anlegen

sors, sortis, *f. (Most. 592)*	(geliehenes) Kapital
f(a)ēnus, oris, *n. (Most. 592)*	Zins
argentum f(a)ēnore sūmere *(As. 248)*	sich Geld gegen Zinsen ausleihen
fēnerāre *(Ad. 219)*	Zins bringen, sich rentieren
argentum mūtuum *(Ht. 601)*	geliehenes Geld

Vgl. As. 248: Dort ausdrücklich als Privatkredit im Gegensatz zu einem Kredit gegen Zinsen.

alqd. ūtendum rogāre *(Aul. 96)*	sich etw. ausleihen
quid eō est argentō factum? *(Most. 636)*	Was ist mit diesem Geld passiert?
argentum prae manū est. *(Bacch. 624)*	Das Geld steht zur Verfügung.
argentum occupātum est decem annōs. (*Epid. 298; dort* diēs)	Das Geld ist für zehn Jahre angelegt.
syngraphus *(As. 238)*	(schriftlicher) Vertrag
pignus, oris, *n.*	Pfand, Sicherheit
ager oppositus est pignorī ob decem mīlia Eurōnum. (*Ph. 661 f.; dort* decem minās)	Der Acker ist für 10.000 € verpfändet.
acceptō pignore *(Rud. 581)*	gegen Pfand
animam dēbēre *(Ph. 661)*	völlig verschuldet sein

Medien

lĭber, lĭbrī, *m.* — Buch
(ācta) diurna, ōrum, *n. pl. (Eich. 61,3)* — Zeitung
tēlevīsōrium *(Eich. 78,18)* — Fernseher
computātōrium *(Helfer)* — Computer
impressōrium *(Winkler, S. 81)* — Drucker (*Gerät; vgl. die kirchliche Druckerlaubnis* imprimātur.)

radiophōnium *(NLL)* — Radio, Radiogerät
tēlephōnium *(NLL)* — Telefon
*tēlephōnium portābile — Handy
epistula ēlectrōnica *(Winkler, S. 83)* — E-Mail
fluentum ēlectricum *(Eich. 62,7)* — elektrischer Strom
cōnexiō, ōnis, *f. (SL, S. 32)* — Verbindung, Netz

Werkzeuge und Alltagsgegenstände

malleum *(Epid. 524)* — Hammer
clāvus *(Trin. 1039)* — Nagel
forceps, forcipis, *m./f.* — Zange
pāla *(Poen. 1018)* — Spaten
rāstrī, ōrum, *m. pl. (Ht. 88)* — Hacke
upupa *(Capt. 1004)* — Spitzhacke (*wörtl.:* Wiedehopf *wegen der Kopfform dieses Vogels)*

terebra *(vgl. Bacch. 1199)* — Bohrer
forficula *(Georges)* — (kleine) Schere
scōpae, ārum, *f. (Stich. 347)* — Besen
hăma *(Güthl.; vgl. Georges)* — Eimer
nassiterna *(Bacch. 5)* — Gießkanne

lucerna *(Bacch. 446)*	(Taschen-)Lampe *(ursprünglich Öllampe)*
hōrologium *(Henno 179)*	Uhr
vĭdulus *(Rud. 392)*	Reisekoffer
cistella *(Cist. 676)*	Kästchen
căvea *(Cist. 732)*	(Vogel-)Käfig

Literaturverzeichnis

Allen, William Sidney. Vox Latina – The Pronunciation of Classical Latin. 2. Aufl. Cambridge 1978.

Böttcher, Eltje. Lateinisch sprechen im Unterricht – Praktische Ansätze des „Latine loqui". Göttingen 2019.

Capellanus, Georg [Pseudonym für Eduard Johnson]. Sprechen Sie Lateinisch? – Moderne Conversation in lateinischer Sprache. Leipzig 1890.

Capellanus, Georg [Pseudonym für Eduard Johnson]. Sprechen Sie Lateinisch? – Moderne Konversation in lateinischer Sprache. 14. Aufl., besorgt von Ludwig Spohr. Bonn 1970.

Collins Dictionary of the English Language. Hrsg. von Patrick Hanks. London/Glasgow 1979.

Der kleine Pauly – Lexikon der Antike. Hrsg. von Konrat Ziegler und Walther Sontheimer. 5 Bände. München 1975.

Eichenseer, Caelestis. Latinitas viva: Pars introductoria. 2. Aufl. Saarbrücken 1982.

Eichenseer, Caelestis. Latinitas viva: Pars lexicalis. 2. Aufl. Saarbrücken 1982.

Eichenseer, Caelestis. Latein aktiv – Lateinisch sprechen und diskutieren. 3. Aufl. München 1990.

Fink, Gerhard. Der kleine Schmutzfink – Unflätiges aus dem Latein. Düsseldorf/Zürich 2001.

Frense, Gisela/da Silveira Macêdo, Dagmar. Modernes Latein für unterwegs. Kauderwelsch Band 174. Bielefeld 2004.

Fritsch, Andreas. Lateinsprechen im Unterricht: Geschichte – Probleme – Möglichkeiten. Bamberg 1990.

Georges, Karl-Ernst. Ausführliches Deutsch-Lateinisches Handwörterbuch. 2 Bände. 7. Aufl. Leipzig 1882.

Georges, Karl-Ernst/Georges, Heinrich. Ausführliches Lateinisch-Deutsches Handwörterbuch. 2 Bände. 14. Aufl. (Nachdruck der 8. Aufl. von 1913) Hannover 1976.

Georges, Karl-Ernst/Georges, Heinrich. Der neue Georges – Kleines Deutsch-Lateinisches Handwörterbuch. Neuausgabe auf Grundlage der 7. Aufl. von 1910. Hrsg. von Thomas Baier, bearbeitet von Jochen Schultheiß. Darmstadt 2017.

Glücklich, Hans-Joachim. Lateinunterricht – Didaktik und Methodik. Göttingen 1978.

Güthling, Otto. Langenscheidts Großwörterbuch Lateinisch, Teil II: Deutsch-Lateinisch. Berlin/München/Zürich 1918/10. Aufl. 1977.

Haarmann, Harald. Auf den Spuren der Indoeuropäer – Von den neolithischen Steppennomaden bis zu den frühen Hochkulturen. München 2016.

Helfer, Christian. Lexicon auxiliare – Ein deutsch-lateinisches Wörterbuch. Saarbrücken 1982.

Hofmann, Johann Baptist. Lateinische Umgangssprache. Heidelberg 1926.

Kipf, Stefan/Liebsch, Ann Catherine. Kleine Geschichte des Lateinunterrichts in Deutschland. In: Latein und Griechisch in Berlin und Brandenburg. Jahrgang LIX Heft 2/2015, S. 39–46. Online: http.//lgbb.davbb.de/home/archiv/2015/heft-2/kleine-geschichte-des-lateinunterrichts (Stand 11.10.2023).

Kühner, Raphael/Holzweissig, Friedrich. Ausführliche Grammatik der lateinischen Sprache. Erster Teil: Elementar-, Formen- und Wortlehre. Hannover 1912/Nachdruck Hannover 1986.

Kühner, Raphael/Stegmann, Carl. Ausführliche Grammatik der lateinischen Sprache. Zweiter Teil: Satzlehre. 2 Bände. 5. Aufl. Hannover 1976/Nachdruck Hannover 1988.
Langenscheidt Abiturwörterbuch Latein: Lateinisch-Deutsch/Deutsch-Lateinisch. München 2014.
Langenscheidts Großes Schulwörterbuch Lateinisch-Deutsch. Bearb. von der Langenscheidt-Redaktion auf der Grundlage des Menge-Güthling. Berlin/München 2001.
Medenus, Max. Einsprachiger Lateinunterricht – Ein Gegenmodell zur derzeitigen Ausrichtung unseres Faches. Forum Classicum, Bamberg 1/2022. Online: https.//journals.ub.uni-heidelberg.de/index.php/fc/issue/view/6103 (Stand: 11.10.2023).
Meissner Carl/Meckelnborg Christina. Lateinische Phraseologie. 4. Aufl. Darmstadt 2010.
Menge, Hermann. Lateinische Synonymik. 6. Aufl. hrsg. von Otto Schönberger. Heidelberg 1977.
Mittellateinisches Glossar. Hrsg. von Edwin Habel und Friedrich Göbel. Paderborn 1989.
Neues Latein Lexikon. Übers. aus dem Italienischen von Stefan Feihl, Carmen Grau, Heinrich Offen, Alexandra Panella. Darmstadt 2000. [*Italienische Originalausgabe:* Lexicon recentis latinitatis. Hrsg. Libraria Editoria Vaticana. Rom 1992.]
Ørberg, Hans Henning. Lingua Latina per se illustrata. Pars I: Familia Romana. Indianapolis 2003/2010.
Ørberg, Hans Henning. Lingua Latina per se illustrata. Pars II: Roma aeterna – Exercitia Latina. Indianapolis 2007.
Palazzi, Fernando/Folena, Gianfranco. Dizionario della lingua italiana. Turin 1992.
Pausch, Dennis. Virtuose Niedertracht – Die Kunst der Beleidigung in der Antike. München 2021.
Petronius, Satyrica – Schelmengeschichten. Lateinisch-Deutsch von Konrad Müller (Hrsg.) und Wilhelm Ehlers (Übers.). 2. Aufl. München 1978.
Pfeifer, Wolfgang (u. a.). Etymologisches Wörterbuch des Deutschen. Lizenzausgabe Lahnstein 2018.
Pons Schülerwörterbuch Latein-Deutsch/Deutsch-Latein. 2. Aufl. Stuttgart 2003.
Reuchlin, Johannes. Henno. Lateinisch und deutsch. Übersetzt und hrsg. von Harry C. Schnur. Stuttgart 1970.
Rubenbauer, Hans/Hofmann, Johann Baptist. Lateinische Grammatik. Neubearbeitet von Rolf Heine. 10. Aufl. München/Bamberg 1977.
Schönberger, Otto. Lateinische Phraseologie. 6. Aufl. Heidelberg 2011.
Schott, Anselm. Das vollständige römische Meßbuch. Neubearbeitung Erzabtei Beuron. Freiburg 1951.
Septimana Latina – Cursus vivae linguae Latinae. Hrsg. von Mechthild Hofmann/Uvius Fonticola/Robert Maier. Frankfurt a. M. 2019.
Stowasser, Joseph Maria/Petschening, Michael/Skutsch, Franz. Lateinisch-deutsches Schulwörterbuch. Neubearbeitung hrsg. von Fritz Lošek. Wien/München 1994.
Stowasser primus. Schulwörterbuch Latein ab 2. Lernjahr. Latein-Deutsch/Deutsch-Latein. Hrsg. von Fritz Lošek. München 2010.
Stroh, Wilfried. Hilfen zum Lateinsprechen – Kommentierte Bibliographie. In: Der Altsprachliche Unterricht Jahrgang XXXVII Heft 5 (Sept. 1994), S. 76–95. Online: https://stroh.userweb.mwn.de/bibl/lat_sprechen.html (Stand: 11.10.2023).
Stroh, Wilfried. Latein ist tot, es lebe Latein – Kleine Geschichte einer großen Sprache. 5. Aufl. Berlin 2007.
Stroh, Wilfried. Lebendiges Latein. Der Neue Pauly, Bd. 15, Spalte 92–99. Stuttgart/Weimar 2001.
Traupman, John C. Conversational Latin for Oral Proficiency. 4. Aufl. Wauconda, Illinois 2007.
Weeber, Karl-Wilhelm. Schöner schimpfen auf Latein. Stuttgart 2022.
Wimpheling, Jakob. Stylpho. Lateinisch und deutsch. Übersetzt und hrsg. von Harry C. Schnur. Stuttgart 1971.
Winkler, Alexander. Vorsicht Latein! – Unzensierte Ausgabe: Wie es wirklich gesprochen wurde. München 2010 [Inhaltlich identische Neuauflage unter dem Titel *Latein für Insider – Unzensierte Ausgabe: Latein wie es wirklich gesprochen wurde.* Berlin und München 2011.].